W0200501

Dehner-Rau/Reddemann

Gefühle besser verstehen

Die Autorinnen

Dr. med. Cornelia Dehner-Rau ist Fachärztin für Psychotherapeutische Medizin und Psychotherapie. Nach ihrem Medizinstudium in Würzburg war sie Assistenzärztin an der Baar Klinik in Donaueschingen, einer Klinik für Psychosomatik und Verhaltensmedizin. Seit 2001 arbeitet sie als Ärztin und Psychotherapeutin an der Klinik für Psychotherapeutische und Psychosomatische Medizin des Evangelischen Krankenhauses Bielefeld. Durch die intensive Beschäftigung mit dem Thema Gefühle haben sowohl ihre therapeutische Arbeit als auch ihr persönliches Erleben an Tiefe und Lebendigkeit gewonnen: »Ich erfahre immer wieder, wie stark die bewusste Wahrnehmung und Würdigung der eigenen Gefühle machen kann, aber auch wie schwer es manchmal ist, belastende Gefühle auszuhalten.«

Prof. Dr. Luise Reddemann ist Fachärztin für Psychotherapeutische Medizin und Psychoanalytikerin. Bis Ende 2003 leitete sie die Klinik für Psychotherapeutische und Psychosomatische Medizin des Evangelischen Krankenhauses Bielefeld. Dort entwickelte sie ihr erfolgreiches Behandlungsangebot für Menschen mit Traumafolgeerkrankungen, das sie in zahlreichen Veröffentlichungen der Fachwelt wie auch Betroffenen vorgestellt hat. Wegen ihres Engagements für traumatisierte Frauen erhielt sie mehrere Auszeichnungen. Prof. Reddemann gilt als eine der Pionierinnen der Traumatherapie in Deutschland.

Dr. med. Cornelia Dehner-Rau
Prof. Dr. Luise Reddemann

Gefühle besser verstehen

Wie sie entstehen
Was sie uns sagen
Wie sie uns stärken

Mit 31 Übungen bei belastenden Gefühlen

TRIAS

SPECIAL

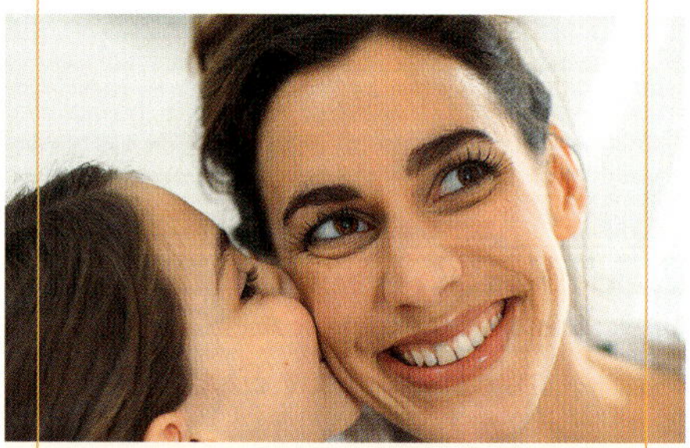

Wo werden Gefühle eigentlich erzeugt und warum erscheinen sie manchmal mächtiger als der Verstand? Haben Sie keine Scheu vor Gefühlen. Der achtsame Umgang mit Emotionen lässt sich einüben – und trägt zur Kreativität und unserem Glück bei.

Gefühle können auch belasten, wobei man sowohl unter einem Zuviel als auch unter einem Zuwenig leiden kann. Oft sind es nicht die gelebten Emotionen, die krank machen, sondern die verdrängten... Wie kann man behutsam mit Trauer oder Schmerz in Kontakt kommen?

ÜBUNGEN

Danksagung

An dieser Stelle bedanke ich mich bei allen, die direkt oder indirekt zum Gelingen des Buches beigetragen haben. Die jahrelange und intensive Arbeit mit Patientinnen und Überlebenskünstlern sowie der Austausch mit Kolleginnen und Kollegen haben meinen Blick geweitet für Fähigkeiten wie Geduld und Frustrationstoleranz, Demut und Dankbarkeit. Die Fülle des Lebens erschließt sich, wenn man im Miteinander eine Weiterentwicklung erfährt.

Meine Tochter Kristin hat sich immer gut zu beschäftigen gewusst, wenn ich Zeit für das Buch brauchte.

Frau Duelli als Programmplanerin und Frau Bleick als Lektorin unterstützten uns dabei, das weite Feld der Gefühle in die Form eines Ratgebers zu bringen, der den Verstand und die Gefühle anspricht.

Wie schon beim Buch »Trauma – Folgen erkennen, überwinden und an ihnen wachsen« empfinde ich es als eine besondere Ehre, gemeinsam mit Frau Reddemann ein Buch zu schreiben, die ich als Professorin, Therapeutin, Mentorin und als Mensch hoch schätze. Ich danke ihr für das mir entgegengebrachte Vertrauen und die Wertschätzung.

Es würde zu weit führen, alle Menschen namentlich zu erwähnen, deren Erfahrungsschatz mit in dieses Buch eingeflossen ist. Es sind viele, und ich bin allen sehr dankbar.

Cornelia Dehner-Rau

Liebe Leserin, lieber Leser

Gefühle sind unsere wichtigsten Wegweiser

Warum halten wir es für sinnvoll, ein Buch über Gefühle zu schreiben? Obwohl uns Gefühle oft lästig erscheinen, wir womöglich unter ihnen leiden, ist ein Leben ohne Gefühle kaum vorstellbar. Gefühle haben viel Macht über uns, wir wollen ihnen aber nicht ausgeliefert sein. Wir wollen Ihnen Mut machen, die Scheu vor Gefühlen zu überwinden, und mit diesem Buch Ihr Bewusstsein schärfen: für den Sinn und die Botschaften, die Gefühle in sich tragen.

Hierzu vermittelt das Buch Ihnen die wichtigen Erkenntnisse der Neurobiologie, die besser begreifen lassen, wie Gefühle im Gehirn entstehen und verarbeitet werden und wie Gefühle untrennbar mit dem Körper verbunden sind. Sie erfahren, wie Gedanken und Gefühle sich gegenseitig beeinflussen, welche Rolle Erinnerungen und Lebenserfahrungen spielen und warum wir überhaupt fühlen können, was andere fühlen.

Statt »Ich denke, also bin ich« gilt heute vielmehr »Ich fühle, also bin ich«.

Wir wollen Ihnen keine Regeln für ein glücklicheres Leben vermitteln, Sie sollen Ihre eigenen Experten und Expertinnen werden, jedoch sind wir überzeugt: Der Zugang zu den eigenen Gefühlen ebnet den Königsweg zu einem erfüllten Leben. Wer je nach Lebenssituation die ganze Brandbreite an Gefühlen empfinden kann, wird seelisch und körperlich gesünder sein. Auch die von uns als negativ, belastend empfundenen Gefühle sind sinnvoll, wenn wir sie als Signale für notwendige Veränderungen begreifen, die uns wachsen und reifen lassen. Tiefe und Lebendigkeit entwickeln sich erst durch Gegensätze: Licht und Schatten, Freude und Trauer, Kämpfen und Aushalten. Ein Bewusstsein für die eigenen Emotionen zu haben und mit diesen achtsam umzugehen, trägt zur Ganzheit bei. Das ist nach unserer Überzeugung die Basis für ein gesundes Selbstvertrauen und ein gelingendes Leben.

Mit den Übungen in diesem Buch, die in unserer therapeutischen Praxis schon vielen Menschen geholfen haben, entdecken Sie eigene Ressourcen und kann Ihre Widerstandskraft wachsen. Sie öffnen sich für Gefühle von Kreativität und Freude. Lassen Sie sich inspirieren und werden Sie stark durch Gefühle.

Ihre Dr. med. Cornelia Dehner-Rau
Ihre Prof. Dr. Luise Reddemann

Einleitung

An wen richtet sich dieses Buch?

Das Buch richtet sich an alle Menschen, die sich intensiver mit ihrem Innenleben beschäftigen wollen. Bereiten Ihnen belastende Gefühle Probleme? Möchten Sie besser mit diesen umgehen? Das vermittelte Wissen wird Ihr Bewusstsein schärfen für den Sinn von Gefühlen und Sie dabei unterstützen, Ihre Gefühle als Ressource einzusetzen. Dieses Buch kann auch bei Ängsten und Depression hilfreich sein sowie bei Störungen der Befindlichkeit, die mit einem Zuviel oder einem Zuwenig an Gefühlen verbunden sind. Nicht zuletzt stellt es eine Fundgrube für ressourcenorientiert arbeitende Therapeuten dar.

Was will dieses Buch?

Einigen mag es anmaßend erscheinen, einen Ratgeber über Gefühle zu schreiben. Denn einerseits ist es ein so weites Feld, dass man dabei ins Schwärmen geraten könnte, andererseits kennt jeder von uns den Zustand, von Gefühlen geradezu überwältigt zu werden. Unsere Gefühle können wir mit dem Verstand allenfalls bruchstückhaft erfassen. Die meisten Zusammenhänge sind uns nicht bewusst und unterstehen nicht unserer willentlichen Kontrolle. Wir alle spüren die Macht der Gefühle, wollen ihnen aber nicht ausgeliefert sein.

Von einem Buch über Gefühle versprechen wir uns womöglich mehr Wissen und damit mehr Einflussnahme, viele wünschen sich mehr angenehme und weniger belastende Gefühle. Statt Gefühle als negativ zu bewerten, ist es hilfreicher, von leidverursachenden Gefühlen zu sprechen. Denn was wir als positiv erleben, hängt sehr von unserer subjektiven Bewertung ab. Es soll nicht darum gehen, die Gefühle, die wir als eher negativ bewerten, aus unserem Erleben abzuspalten, sie nicht mehr wahrzunehmen. Damit würden wir einen Teil von uns selbst verlieren. Wir hätten kein Erleben mehr für mögliche Gefahren, wenn die Angst wegfiele, was lebensbedrohlich wäre. Uns würden Signale fehlen für notwendige Veränderungen, die uns wachsen und reifen lassen. Ein gesundes Selbstvertrauen beinhaltet ein Bewusstsein für das eigene Selbst, die Wahrnehmung und den achtsamen Umgang mit den eigenen Gefühlen. Es geht um die Selbstannahme mit all den dazu gehörigen Gefühlen. So kann Ihre Widerstandskraft wachsen und Sie öffnen für Gefühle von Kreativität und Freude. Musik, Bewegung, Meditation, spirituelles Erleben sowie Ihr ganzer Erfahrungsschatz sind Elemente, die dazu beitragen, Ihr Potenzial auszuschöpfen, sich Ihrer selbst bewusst und authentisch zu sein.

Warum halten wir es für sinnvoll?

Wenn Menschen traumatische Erfahrungen machen mussten, versuchen sie die damit verbundenen Gefühle zu vermeiden, als Folge spüren sie sich immer weniger. Um die Angst vor überwältigenden Gefühlen abzubauen, bedarf es eines behutsamen Vorgehens. Man braucht das Erleben von Sicherheit und sozialer Unterstützung, um Gefühle spüren zu können, diese auszuhalten. Wir wollen Ihnen Mut machen, die Angst vor Gefühlen zu überwinden, dann können Gefühle zu einem wesentlichen Teil Ihrer Lebendigkeit werden.

Gefühle sind Teil unserer Kultur und werden in verschiedenen Völkern unterschiedlich wahrgenommen und ausgedrückt. Mittlerweile weiß man, dass man Gefühle nicht unabhängig vom Körper erforschen kann, denn im Unterschied zur Vernunft ist ein Gefühl körperlich spürbar. Wie kann man Gefühle über die Sprache und den Körper ausdrücken? Wie beeinflussen sich Gedanken und Gefühle gegenseitig? Welche Rolle spielen Erinnerungen und Lebenserfahrungen? Wie stark wirken Gene und Umwelt? Das sind nur einige der Fragen, die wir klären wollen.

Auch wenn unser bewusster Einfluss auf die Emotionen schwach sein mag, so haben wir doch das Ziel, Vernunft und Leidenschaft im Gehirn und im Körper harmonisch zu integrieren. Je besser wir unsere wahren Gefühle erkennen, desto wirksamer können wir sie für ein erfülltes Leben nutzen. Dieses Buch soll Ihnen dabei helfen.

Was sind Gefühle und wofür sind sie gut?

Gefühle beeinflussen alles. Wie wir uns selbst sehen. Wie wir andere sehen. Auch Vernunft und Denken sind enger mit unseren Gefühlen verknüpft, als man lange Zeit annahm. Aber was sind Emotionen eigentlich: Körperliche Reaktionen, geistige Zustände, unbewusste Impulse oder alles zusammen?

Wie drücken wir Gefühle aus?

Gefühle sind oft schwer fassbar. Sie können sich vage oder diffus anfühlen. Sie können sich hinter anderen Emotionen oder körperlichen Symptomen verstecken. Hilfreich ist es, Gefühle zu benennen. Um sich selbst besser begreifen zu können und um sich anderen mitzuteilen.

Gefühle sind unser wichtigster Wegweiser zu einem authentischen Leben. Im Extremfall dienen Gefühle unserem Überleben. Denken Sie zum Beispiel an das Gefühl der Angst. Wir müssen uns vor gefährlichen Situationen schützen, die Angst setzt dabei Überlebensstrategien in Gang wie Kampf, Flucht oder Erstarrung. Triebe und Instinkte sorgen für das Überleben des Einzelnen und der Art: Hierzu gehören der Nahrungstrieb, das Bedürfnis nach Schlaf, nach sozialem Kontakt, nach Sexualität und vieles mehr. Solche elementaren Affektzustände sind angeboren und müssen nicht erlernt werden. Emotionen spielen bei der Motivation eine wesentliche Rolle, sie beeinflussen unsere Entscheidungen und Handlungen. Durch Furcht oder Abneigung werden bestimmte Verhaltensweisen vermieden, andere durch den Willen gefördert.

wichtig

Von Antonio R. Damasio, weltweit einem der bedeutendsten Hirnforscher, stammt folgendes Zitat: »Emotionen sind kein Luxus, sondern ein komplexes Hilfsmittel im Daseinskampf.« Und wir möchten ergänzen, sie verbinden uns mit der Quelle unserer Lebendigkeit.

Heute wissen wir, dass sich Gefühle in Körperreaktionen spiegeln, Gefühle erst über den Körper spürbar werden. Trotz ihrer Körperlichkeit sind Gefühle schwer zu fassen, beeinflussen aber unser Verhalten in erheblichem Maße. Diese »Bewegungskraft« von Gefühlen kann durchaus etwas Beängstigendes haben.

Sprachbilder

Die antiken Philosophen und Schriftsteller sprachen im Griechischen von »pathos« und im Lateinischen von »passio«, also von dem, worunter man leidet. Im Deutschen verwenden wir den Begriff »Leidenschaften« bei schwer zu zügelnden Gefühlszuständen. Das Wort »Emotion«, abgeleitet von »emotio« im Lateinischen und seiner

Wurzel »movere« (bewegen) betont den Aspekt des Ergriffen- und Bewegtseins. Ebenfalls aus dem Lateinischen kommt der Begriff »affectus« bzw. »affectio«, als Verb »afficere« (»anmachen«, »anrühren«). In der modernen Psychologie werden die Begriffe »Emotion« und »Affekt« sowohl im Deutschen wie im Englischen (emotion, affect) häufig synonym verwendet. Das deutsche Wort »Gefühl« entspricht dem englisch-französischen Begriff »sentiment« und meint ursprünglich einen Zustand des »Sich Anfühlens« und des Erlebens.

Unsere Sprache ist voller Bilder, wie bei der Musik gibt es einen engen Zusammenhang zwischen Sprache und Gefühlen. Wenn wir uns isoliert und ausgeschlossen fühlen, erleben wir, wie kalt sich Einsamkeit anfühlen kann. Wissenschaftliche Versuche haben gezeigt, dass uns kühler wird in einer Ausgrenzungssituation als beim Erleben von Gemeinschaft. Vielleicht haben Sie selbst schon die Erfahrung gemacht, dass Ihnen ein heißes Getränk guttut, wenn Ihnen gerade menschliche Wärme und Zuwendung fehlt.

Wir lernen früh, dass ein warmes Körpergefühl – zum Beispiel wenn einen die Mutter oder der Vater in den Arm nimmt – Zuneigung bedeutet. Diese Verbindung ist so stark, dass eine bestimmte Region des Großhirns, die Inselrinde, nicht nur auf physikalische Wärme reagiert, sondern ebenso auf Berührung und menschliche Wärme. Und dieselbe Region wird aktiv, wenn man sich ausgeschlossen oder zurückgewiesen fühlt.

So wie Wärme in unserer Vorstellung mit Zuneigung verknüpft ist, hängen auch Schuld und Beschmutzung eng miteinander zusammen. Der Ausdruck »seine Hände in Unschuld waschen« macht das deutlich. Wenn wir peinliche Gefühle im wahrsten Sinne des Wortes abwaschen können, fühlen wir uns weniger verpflichtet, uns mit Schuld- oder Schamgefühlen auseinanderzusetzen. Wissenschaftliche Untersuchungen haben gezeigt, dass man sich durch Händewaschen offenbar auch von moralischen Verpflichtungen befreien kann. Ohne diese Möglichkeit der »Säuberung« sind Menschen anderen gegenüber hilfsbereiter. Waschzwänge als extremere Form haben kurzfristig oft eine entlastende Funktion. Zumindest vorübergehend sinkt die Angst, beschmutzt oder ekelig zu sein. Wie bei vielen anderen Störungen stellt der Zwang jedoch nur eine Notlösung dar. Längerfristig wird das wirkliche Problem des eigenen Selbstbildes nicht gelöst, im Gegenteil: Der Zwang wird zum zusätzlichen Problem.

wichtig

Unser Denken spielt sich zum Großteil in Metaphern, also in Bildern, ab. Der Ausdruck von Gefühlen über die Sprache steht auch in engem Zusammenhang mit der Bewertung von Gefühlen.

Seit der Zeit der alten Griechen unterscheiden Menschen zwischen Vernunft und Leidenschaft, zwischen Denken und Fühlen, zwischen Kognition und Emotion. Mittlerweile weiß man, dass ein Geist ohne Emotionen überhaupt kein Geist ist. Und bei den Emotionen funktioniert das

Gehirn nicht unabhängig vom Körper. Für diese Entwicklungen maßgebend sind die Arbeiten der amerikanischen Neurobiologen Joseph LeDoux und Antonio Damasio sowie ihrer Mitarbeiter Ende der 1980er und im Laufe der 1990er Jahre.

Die Beschäftigung mit Gefühlen hat also eine lange Geschichte, die Differenzierung von Gefühlen erfolgt im Wesentlichen über die Sprache. Inzwischen lässt sich eine Sprachverarmung in Bezug auf Gefühlsausdrücke feststellen, was zu einem Verlust an Gefühlsnuancen führt. Alte Begriffe wie Gram, Kummer, Güte oder Barmherzigkeit werden kaum noch verwendet, weshalb viele junge Menschen diese nicht mehr kennen. Durch diesen kollektiven Vorgang der Sprachverarmung werden auch Gefühle undifferenzierter erlebt, was zu einer gewissen Selbstentfremdung beiträgt. Wenn wir lernen, unseren Körper und unsere Gedanken bewusster wahrzunehmen und unser Empfinden differenziert in Worte zu fassen, können wir dem entgegenwirken.

Affekt, Emotion, Gefühl – was sie unterscheidet

Eine ganz scharfe Unterscheidung zwischen Affekten, Emotionen, Gefühlen und Stimmungen ist nicht möglich. Auch in der Verwendung der verschiedenen Begriffe wird meist nicht genau differenziert. Für ein besseres Verständnis versuchen wir dennoch, die Begrifflichkeiten voneinander zu trennen.

Verschiedene Gefühlszustände treffen auf das angeborene Temperament eines Menschen. Diese »emotionale Voreinstellung« charakterisiert das Wesen eines Menschen und erfasst eine Art Grundstimmung oder Persönlichkeitsstruktur, die natürlich vielen Umwelteinflüssen ausgesetzt ist und von diesen moduliert wird. Stimmungen, Gefühle und Affekte sind Arten des Sich-selbst-Erlebens, sie wirken auf das Selbstgefühl und die Identität zurück.

Emotion. Eine Emotion ist eine plötzliche Reaktion unseres gesamten Organismus. Sie enthält verschiedene Komponenten: Die physiologische betrifft unseren Körper, die kognitive unseren Geist und die Verhaltenskomponente unser Handeln. Eine Emotion hält in der Regel nur kurz an (z. B. Freude, Überraschung). Sie kann relativ schnell in eine andere Emotion wechseln. Bei kleinen Kindern kann man das besonders gut beobachten. Fällt ein Kind hin und tut sich dabei weh, kann es unter dem Eindruck des ersten Schrecks und der Überraschung regelrecht verzweifelt sein. Wird es dann zum Beispiel von der Mutter getröstet, kann es sich in kurzer Zeit beruhigen und seine Aufmerksamkeit auf Neues richten. Im Gegensatz zu Affekten sind Emotionen meist milder in ihrer Intensität und deutlicher von Lernen und Erfahrung beeinflusst.

Die Basisemotionen

Furcht, Zorn, Ekel und Freude gehören zu den sogenannten Basisemotionen. Schon kleine Kinder zeigen die typischen, weltweit gleichen Gesichtsausdrücke bei Freude oder Ekel. Der Psychologe Paul Ekman hat insgesamt 15 grundlegende Emotionen ausgemacht.

Zu den Basisemotionen gehören: Glück/Vergnügen, Ärger/Zorn, Verachtung, Zufriedenheit, Ekel, Verlegenheit, Aufgeregtheit, Furcht, Schuldgefühl, Stolz auf Erreichtes, Erleichterung, Trauer/Kummer, Befriedigung/Genugtuung, Sinneslust und Scham. Trauer, Eifersucht, schwärmerische Liebe und elterliche Liebe sind für Ekman eher längerfristige Gefühlszustände oder Stimmungen und daher nicht unbedingt als Emotionen anzusehen.

Auch wenn sich die Listen sogenannter elementarer Emotionen unterscheiden und darüber diskutiert wird, welche Rolle die Biologie bzw. die Psychologie spielt, findet man als Basisemotionen fast immer Furcht, Zorn, Ekel und Freude. Zu den Grenzfällen gehören Interesse, Begehren und Überraschung.

Eine Basisemotion zeichnet sich durch folgende Kriterien aus:

- Sie setzt abrupt ein als Reaktion auf ein Ereignis oder einen Gedanken.
- Sie ist von kurzer Dauer im Unterschied zu Gefühlen oder Stimmungen.
- Sie muss sich deutlich von anderen Emotionen unterscheiden.
- Sie kommt schon bei kleinen Kindern vor.
- Sie äußert sich in charakteristischen körperlichen Reaktionen: Angst und Zorn führen beide zu einem schnelleren Herzschlag. Jedoch steigt beim Zorn die Oberflächentemperatur der Finger, während sie bei der Angst sinkt. Auch im Gehirn kommt es bei verschiedenen Emotionen zu Aktivierungen in anderen Hirnzonen.

Die Evolutionspsychologen betonen noch die folgenden Kriterien:

- Für eine elementare Emotion soll es weltweit einen typischen Gesichtsausdruck geben.
- Auslöser für Basisemotionen sind universell: Gefahr löst Angst aus, der Verlust eines geliebten Wesens ruft Traurigkeit hervor.
- Elementare Emotionen findet man auch bei unseren nächsten Verwandten im Tierreich, zum Beispiel bei Schimpansen.

Gefühl. Unter einem Gefühl versteht man die subjektive Wahrnehmung einer Emotion. Die Fähigkeit, Gefühle zu haben, erfordert ein Bewusstsein seiner selbst und des eigenen Verhältnisses zur Umwelt. Gefühle können also nur als solche erlebt werden, wenn das Gehirn neben einem Überlebenssystem auch die Fähigkeit zum Bewusstsein besitzt. Gefühle können wir benennen oder über Bilder mitteilen, wir können sie aber auch verstecken. Die »Innerlichkeit« des Gefühls steht im Gegensatz zum beobachtbaren Ausdruck von Emotionen. Im Unterschied zu Stimmungen sind Gefühle spezifischer, auf konkrete Ziele, Anlässe oder Personen bezogen und von kürzerer Dauer. Gefühle sind mit Kognition verbunden, also mit dem Denken, dem Gedächtnis und unseren Weltanschauungen. Sie werden beeinflusst durch unsere früheren Lebenserfahrungen, unsere persönlichen Vorstellungen und Bewertungen. Welche Gefühle wir haben, hängt letztendlich von unserer eigenen Interpretation ab. Ohne Gefühle wäre uns alles egal.

Affekt. Werden Handlungen ausgelöst, die nicht oder in geringerem Maße kontrollierbar sind, spricht man von Affekten oder »Affekthandlungen«. Affekte sind die einschießenden, heftigen Gefühle, die körperlich deutlich erlebbar sind, mit hoher psychischer Erregung einhergehen und meistens eine soziale Reaktion hervorrufen. Sie sind das Ergebnis unbewusster affektiver Verarbeitungsprozesse, je nach Bewertung fallen sie positiv oder negativ aus. Oft werden Affekte als diffuse Zustände erlebt, die sich in körperlichen Reaktionen zeigen können wie Anspannung, Druck in der Brust, Verkrampfung im Magen oder Ähnliches. Ein bewusster Zugang zu Auslösereizen besteht bei den Affekten im Gegensatz zu den Emotionen nicht. Bei den Emotionen sind nicht nur affektive, sondern auch kognitive Verarbeitungsprozesse beteiligt, was sie dem Bewusstsein zugänglicher macht.

Stimmung. Die Stimmung ist so etwas wie der atmosphärische Hintergrund unseres Lebens, als Grundstimmung ist sie das Basisgefühl der Identität. Ein Verstimmtsein bedeutet, nicht mehr im Einklang mit sich selbst und mit der Welt zu sein. Stärkere Stimmungsschwankungen zeigen uns an, dass etwas nicht stimmt. Sich seine Stimmung bewusst zu machen heißt, zu spüren und zu erkennen, was die Stimmung verändert und auf welche Weise. Ausdrücken kann man die Stimmung durch Vergleiche mit dem Wetter (heiter oder bewölkt), mit Farben (grau oder bunt) oder mit der Musik (Dur oder Moll oder ein ganz bestimmtes Musikstück), sie kann sich auch in Bildern oder Tagträumen spiegeln. Gut ist es zu wissen, was einen in Stimmung bringt. Allerdings wird es in einer depressiven Stimmung schwer fallen, Heiterkeit zu erleben. Stimmungen unterscheiden sich von Gefühlen, Emotionen und Affekten durch ihre längere Dauer (z. B. Heiterkeit, Trauer oder Depression). Um eine bestimmte Stimmung zu haben, brauchen wir kein Gegenüber und auch keine konkrete Vorstellung.

Emotionen, Gefühle, Affekte und Stimmungen sind ein wesentlicher Teil zwischenmenschlicher Kommunikation. Sie zeigen uns, wie wir uns in bestimmten Situationen oder mit bestimmten Menschen fühlen. Sie helfen uns, körperliche und seelische Grenzen wahrzunehmen. Bei entsprechenden Belastungen spüren wir Unlust, Ermüdung oder sogar Erschöpfung. Ohne die Wahrnehmung von Gefühlen in einer Situation würde uns die Triebfeder unseres Handelns, die Motivation, fehlen.

Intuition. Die Intuition schließlich beruht auf einer Ahnung, dass eine bestimmte Entscheidung richtig oder falsch sein könnte, Gründe dafür können wir in der Regel nicht genau benennen. »Bauchentscheidungen« treffen wir relativ schnell und spontan, häufig geht es dabei um Flucht, Abwehr oder Verteidigung, aber auch um spontane Zuneigung, da hat der Verstand wenig zu suchen. Auf den folgenden Seiten wollen wir diesen »siebten Sinn« noch etwas näher beleuchten.

Intuition oder das Geheimnis der guten Wahl

Tagtäglich treffen wir eine Unmenge von Entscheidungen, die meisten davon unbewusst. Das heißt nicht, dass wir einfach unseren Trieben oder niederen Instinkten folgen. Im Gegenteil: Wir schöpfen aus unserem riesigen Erfahrungs- und Wissensschatz, der uns lehrt, wie die Welt funktioniert.

Auch wenn uns weit über 90 % dieser Prozesse nicht bewusst sind, bewegt sich dieser siebte Sinn auf einer hohen Ebene unseres Gehirns. Auf seine Intuition verlassen kann sich ein Mensch, der durch einen offenen Geist und Körper Erfahrungswissen aufgenommen hat. Mit zunehmender Übung werden Prozesse automatisiert, so funktionieren viele Abläufe im Alltag (zum Beispiel Fahrrad- oder Autofahren, vertraute Wege, Rituale). Können Sie sich vorstellen, wie kompliziert es wäre, wenn Sie erklären müssten, wie das Laufen funktioniert? Da wir immer nur eine begrenzte Anzahl von Reizen aufnehmen und verarbeiten können, hat das Gehirn im Laufe der Jahrtausende eine Methode entwickelt, um den Denkapparat zu entlasten.

Um seine Leistung möglichst effektiv einzusetzen, leitet das Gehirn die wenigsten Vorgänge ins Großhirn weiter, wo diese bewusst bearbeitet als Entscheidungsvorlagen wieder ans Unbewusste zurückgegeben werden. Alles, was keiner besonderen Aufmerksamkeit mehr bedarf, wie zum Beispiel der vertraute Weg zur Arbeit, prozessiert das Gehirn möglichst auf unterster Ebene und ohne überhaupt die denkende Großhirnrinde einzuschalten. Das spart enorm Energie.

Die besten Entscheidungen werden oft unbewusst getroffen

Die Intuition beruht auf einer Ahnung, dass eine bestimmte Entscheidung richtig oder falsch sein könnte, ohne dass wir dafür genaue Gründe benennen können. Anders als bei der Bauchentscheidung handelt es sich bei der Intuition um eine Art von Einsicht, die allerdings nicht durch systematisches Denken entsteht. Sie kennen sicher die Situation, dass Sie lange vergeblich über etwas nachdenken und es dann womöglich vergessen. Irgendwann fällt Ihnen scheinbar wie aus heiterem Himmel die Lösung ein. Überlässt man das Denken dem Unbewussten, trifft man oft die beste Entscheidung. Die Empfehlung, vor dem Treffen wichtiger Entscheidungen eine Nacht darüber zu schlafen, hat sich bewährt. Denn in dieser Zeit sortiert unser Unbewusstes in aller Ruhe die Argumente. Nicht selten kommen gute Ideen in einem Zustand der Muße.

Wie lässt sich das erklären?

Die Informationsverarbeitung in unserem Gehirn erfolgt nicht nur auf der Ebene des Bewusstseins, sondern auch auf der Ebene des Vorbewussten. Dazu gehört alles, was uns zwar aktuell nicht bewusst ist, aber schon einmal bewusst war und dann ins Unbewusste abgesunken ist. All unsere Erfahrungen und unser Wissen sind in der Großhirnrinde lokalisiert. Die meisten Inhalte befinden sich jedoch unterhalb der Bewusstseinsschwelle. Im Vergleich zu dem, was wir bewusst verarbeiten, hat das Vorbewusste eine riesige Kapazität. Von klein auf haben wir eine ungeheure Menge an Eindrücken aufgenommen, auf die wir bewusst oder unbewusst zurückgreifen können. Die Fähigkeit des Vorbewussten zum Problemlösen ist viel größer als die der Vernunft. Das intuitive Problemlösen geschieht vorbewusst, nicht unbewusst, aber auch nicht nach den Prinzipien des rationalen Denkens.

Intuition und Kreativität stehen durchaus im Zusammenhang. Albert Einstein stellte die göttliche Gabe der Intuition über die treuen Dienste des Verstandes. Er beklagte: »Es ist paradox, dass wir heutzutage angefangen haben, den Diener zu verehren und die göttliche Gabe zu entweihen«. Auch der Neurologe Damasio ist davon überzeugt, dass jede Entscheidung einen emotionalen Anstoß braucht und der Mensch aus purem Verstand heraus nicht handeln kann.

Wie die Intuition wirkt, zeigt ein Spieltest

Versuchsteilnehmer konnten zwischen blauen und grünen Karten wählen. Was die Teilnehmer nicht wussten: Die blauen Karten führten in wenigen Fällen zu hohen Gewinnen, meistens aber zu schweren Verlusten. Die grünen Karten erbrachten moderatere Gewinne, dafür aber mehr Gewinne als Verluste. Nach etwa 50 Versuchen entschieden sich die Teilnehmer, nur noch grüne Karten zu wollen. Noch bevor es ihnen bewusst war, bevorzugten die Teilnehmer die grünen Karten in dem Moment, in dem ihre Handflächen als Zeichen vermehrten Stresses zu schwitzen begannen.

Im Vergleich zum Verstand kann die Intuition auf ein großes implizites Wissen zurückgreifen, also auf Informationen, die zwar abgespeichert werden, mit dem Bewusstsein aber nicht direkt in Kontakt stehen. Die Intuition zeigt eine erstaunliche Fähigkeit, aus der Vielzahl an Informationen die entscheidende herauszufiltern. In Sekundenschnelle vergleicht das Unbewusste Wahrnehmung und Erwartung und erkennt dabei Widersprüche, die wie plötzliche Eingebungen ins Bewusstsein gelangen. Besonders empfindsam ist der Mensch für subtile Signale der Mimik und mögliche Widersprüche. So gibt es sicher auch einen Zusammenhang zwischen Intuition und der Fähigkeit, den emotionalen Zustand des Gegenübers zu erkennen.

Bei Geldfragen versagt die Intuition oft!

Zusammenfassend kann man feststellen, dass die intuitive Kraft des Gehirns aus einer Menge an unbewusstem Wissen über die Welt besteht (Priming). Seiner Intuition zu trauen, hat sich in Jahrmillionen der Evolution bewährt. Allerdings ändert der moderne Mensch seine Lebensumstände schneller, als das Gehirn sich darauf einstellt. Wenn es ums

Geld geht, versagt die Intuition des Öfteren, weil die Angst vor einem Verlust ungefähr doppelt so stark ist wie die Freude über einen Gewinn. Menschen überschätzen auch ihre Fähigkeit, die Zukunft zu überblicken. Wir neigen nämlich dazu, uns die Zukunft ähnlich wie die Gegenwart vorzustellen, sodass die Zukunft in unserer Vorstellung wie eine verzerrte Version von heute aussieht. Dabei übersehen wir die Tatsache, dass wir selbst zwei Jahrzehnte später in vielerlei Hinsicht anders denken und fühlen werden. Außerdem sind Gefühlsentscheidungen manipulierbar. Wir bewerten ständig die auf uns einströmenden Eindrücke. Die Kriterien dafür, ob wir etwas mögen oder nicht, sind uns häufig nicht bewusst. Meist liegt dann zwischen unbewusstem Urteil und Handlung nur noch ein kurzer Weg. Vorurteile können uns dazu verleiten, entgegen unseren eigenen Überzeugungen zu handeln. Das macht sich zum Beispiel die Werbung zunutze, wenn sie Menschen dazu bringt, sich für bestimmte Marken zu entscheiden, denen man dann auch treu bleibt. Inzwischen hat sich eine eigene Fachrichtung spezialisiert, die versucht, Markenartikel in unserem Unbewussten zu verankern: das Neuromarketing. Denn je überwältigender das Angebot, desto schwerer die Entscheidung und desto mächtiger die Angst vor Fehlkäufen. Also greifen wir lieber zu Vertrautem. Es gilt, die Kraft der Intuition zu nutzen, ohne sich impulsiv zu verhalten oder sich manipulieren zu lassen.

Emotionale Intelligenz

Eine hohe intellektuelle Intelligenz gilt als besonders bemerkenswert. Doch es ist die sogenannte emotionale Intelligenz, die einem Menschen zu echter sozialer Anerkennung und zu wirklicher Führungsstärke verhilft. Man braucht vor allem emotionale Kompetenz, um gemeinsam mit anderen Menschen etwas zu erreichen.

Als emotionale Intelligenz bezeichnet man die Fähigkeit, Zugang zu Emotionen zu finden, diese zu nutzen und zu regulieren. Ein emotional intelligenter Mensch kann die eigenen Emotionen und die Emotionen anderer erkennen und angemessen mit ihnen umgehen. Bei allem, was Menschen erleben, stehen Emotionen im Zentrum des Geschehens. Wenn wir die Rolle der Emotionen verstehen, bietet uns das einen gewissen Selbstschutz und hilft uns, Zusammenhänge besser zu verstehen. Emotionale Alphabetisierung oder die Fähigkeit, Gefühle wahrzunehmen und zu benennen, ermöglicht uns, uns anderen mitzuteilen und Erlebtes entsprechend zu würdigen. Wer anerkennt, dass er verwundbar ist, hat größere Chancen, über seelische Krisen hinwegzukommen.

Emotionale Kompetenzen

Dies sind wesentliche Fertigkeiten, die den Umgang mit Emotionen, aber auch die Interaktion mit anderen Menschen maßgeblich beeinflussen. Zu den emotionalen Kompetenzen gehören zum Beispiel der Emotionsausdruck oder das Wissen und Verstehen von Emotionen. Es geht um Fertigkeiten, die den Umgang mit unseren eigenen Gefühlen und den Gefühlen anderer Menschen beeinflussen. Sozial kompetentes Verhalten setzt also die differenzierte Selbst- und Fremdwahrnehmung von Gefühlen voraus. Studien zeigen die Wichtigkeit emotionaler Kompetenz im Zusammenhang mit sozialer Anerkennung und Zugehörigkeit. In den grundlegenden Fähigkeiten unterscheiden sich Menschen. Man kann jedoch auch emotionale Kompetenzen lernen und trainieren.

Emotionsregulation

Zur Emotionsregulation gehören das Wahrnehmen und Modulieren des emotionalen Erlebens und die Kontrolle von impulsivem Verhalten. Es geht also darum, eigene Gefühlszustände und die Gefühle von anderen Personen, mit denen man in Interaktion tritt, zu regulieren. Die Entwicklung der Emotionsregulation geschieht im Wesentlichen in den ersten sechs Lebensjahren.

Wie entwickelt sich die Emotionsregulation?

Wie kann man sich den Entwicklungsprozess der Emotionsregulation vorstellen? Ein Säugling kann noch nicht konkret denken und sich auch noch nicht über die Sprache äußern. Wenn er sich unbehaglich fühlt, schreit er. Ist die Bezugsperson feinfühlig, erkennt sie die Bedürfnisse des kleinen Kindes und stillt diese. Der Säugling kann sich wieder beruhigen.

Ein Kleinkind ist noch etwas unsicher auf den Beinen und fällt hin. Es tut sich dabei weh, der Schmerz verursacht Gefühle von Angst und Überraschung. Wird das weinende Kind in den Arm genommen und mit einfachen Worten getröstet und beruhigt, lernt es über die Bezugsperson, diese Gefühle zu regulieren. Hilfreich ist auch eine liebevolle Versorgung der Wunde, die gewürdigt, aber nicht überbewertet werden sollte.

Was ist förderlich für den Prozess?

Ein Jugendlicher erlebt in der Pubertät durch viele Umbauprozesse im Gehirn und den Einfluss der Hormone häufige Stimmungswechsel mit teils aggressiven Ausbrüchen oder dem Wunsch, in Ruhe gelassen zu werden. Sind die Erwachsenen nicht nur mit sich selbst beschäftigt und können trotzdem gut für sich sorgen, strahlt das eine Atmosphäre von Sicherheit und einer gewissen Gelassenheit aus. Auch das Setzen von klaren Grenzen stärkt Gefühle von Sicherheit und Vertrauen. Zu lernen, dass man mit dem eigenen Verhalten die Grenzen des anderen nicht verletzen darf, aber auch zu erfahren, dass man mit seinen Gefühlen angenommen wird, hilft, Gefühle zuzulassen und zu regulieren.

Ein gelungener Entwicklungsprozess entsteht durch eine Vielzahl solcher und ähnlicher Erfahrungen. Das Modelllernen spielt dabei eine wesentliche Rolle. Das heißt aber nicht, dass erwachsene Bezugspersonen keine Fehler machen dürfen oder immer stark sein müssen. Mit Gefühlen von Unsicherheit, Zweifel, Angst, Wut oder Trauer lernt man umzugehen, wenn diese ihren Schrecken verlieren. So kann es für die Entwicklung eines Kindes durchaus förderlich sein mitzuerleben, wie die Bezugsperson eine Krisensituation bewältigt, wie sie sich Unterstützung holt, die eigenen Ressourcen stärkt. Das wäre der positive Fall.

Was behindert die gesunde Entwicklung?

Gestört werden kann der Entwicklungsprozess der Emotionsregulation durch Erfahrungen, wie sie in folgenden Beispielen genannt werden.

Werden die Grundbedürfnisse des Säuglings nicht befriedigt, können sich nicht entsprechende Gefühle von Sicherheit und Vertrauen entwickeln. Ein Mangel betrifft nicht nur die körperlichen Bedürfnisse, sondern auch die Bedürfnisse nach Nähe und Zuwendung. Neben der Vernachlässigung gibt es auch ein Zuviel an Reizen, besonders schlimm wirken sich alle Formen der Gewalt aus. Traumatische Erfahrungen hinterlassen in unserem Gehirn eine regelrechte Furchtstruktur. Ein Zuwenig an Zuwendung und ein Zuviel an Gewalt verhindern eine angemessene Emotionsregulation, Zustände der Untererregung wechseln sich dann mit Zuständen der Übererregung ab, was auch Lernprozesse erschwert oder verhindert.

Erfährt ein Kind, dass es von der Bezugsperson verwöhnt wird, dass es fast jede Grenze ohne Konsequenzen überschreiten kann, können sich realistische Scham- und Schuldgefühle, die ja auch ein Zeichen von Reife sind, nicht entsprechend entwickeln. Das eigene Selbstbild wird geprägt von Größenideen, statt Mitgefühl für andere entwickeln sich eher abwertende Haltungen bis hin zur Verachtung. Die verborgene Sehnsucht nach echter Zuwendung bleibt unbefriedigt oder kann aufgrund einer misstrauischen Grundhaltung bei mangelnder Empathiefähigkeit nicht zugelassen werden. Diese Konstellation findet man nicht selten bei narzisstischen Persönlichkeiten.

Reagieren Bezugspersonen übermäßig ängstlich oder katastrophisierend auf Missgeschicke, wirkt sich das nicht gerade ermutigend aus, sondern verstärkt belastende Gefühle. Darunter kann die Entwicklung von Selbstvertrauen leiden. Aus Angst schöpft man womöglich sein Potenzial nicht mehr aus und bleibt in seiner Entwicklung stecken.

Erlebt ein Kind, dass seine Lebendigkeit und Unbekümmertheit bestraft werden oder immer wieder einen Dämpfer erhalten, werden Gefühle von Freude aus Angst vor dem Neid nicht mehr entsprechend zugelassen. Auch Gefühle von Trauer oder Wut sind Teil der eigenen Lebendigkeit. Dürfen diese nicht ausgedrückt werden, müssen sie entweder unterdrückt oder abgespalten werden. Depressive Menschen empfinden oft gar keine Aggression mehr, richten diese aber nicht selten gegen sich selbst. Das Selbstbild ist geprägt von unrealistischen Schuldgefühlen und Selbstabwertungen. Manche Menschen haben gelernt, sich fast gar nicht mehr zu spüren. Wenn sie Gefühle erleben, dann werden sie von diesen regelrecht überflutet, was sich in Impulsdurchbrüchen oder Panikattacken zeigen kann.

Eine gestörte Emotionsregulation findet man in irgendeiner Form bei allen psychischen Störungen. Dann geht es darum, gegebenenfalls mit therapeutischer Unterstützung, verzerrte Haltungen und stecken gebliebene Gefühle zu erkennen und den Entwicklungsprozess nachzuholen.

Moderne Psychotherapie bezieht dabei immer auch den Körper mit seinen Empfindungen ein.

Einfühlungsvermögen

Im Umgang mit Gefühlen benötigen wir Einfühlungsvermögen. Dieses können wir durch Wahrnehmungsschulung von Mimik und Gestik trainieren. Um uns in den anderen einzufühlen, achten wir auf die Worte, den Tonfall, die Körperhaltung oder auch vegetative Veränderungen, das heißt mögliche Anzeichen eines Stresszustandes wie zum Beispiel vermehrtes Schwitzen oder Zittern.

Anwendung

Versuchen Sie einmal, den eigenen Gefühlsausdruck anhand eines Pantomime-Spiels zu verdeutlichen.

Wie können wir fühlen, was der andere fühlt?

Besonders empfänglich sind wir für Signale der Mimik. Wenn wir jemandem ins Gesicht schauen, können wir dessen momentanen emotionalen Zustand erkennen. Die Tatsache, dass Gesichter viel über einen Menschen verraten, machen sich auch Hellseher oder Kartenleser zunutze. Diese können oft besonders gut das Gesicht des Gegenübers »lesen« und daraus Rückschlüsse ziehen.

Paul Ekman von der University of California in San Francisco hat 43 Bewegungseinheiten in der Gesichtsmuskulatur identifiziert. Diese Bewegungseinheiten stellen sozusagen die Vokabeln in der Sprache der Mimik dar. Es gibt Tausende verschiedener Gesichtszüge, die ganz viel über den inneren Zustand eines Menschen aussagen. In den »Ekman-Gesichtern« können sich Basisemotionen wie Furcht, Freude, Ärger, Ekel, Trauer oder Überraschung spiegeln.

Die Kunst, ganz die Perspektive eines anderen einzunehmen, scheint exklusiv menschlich zu sein. Ohne Gefühle weiß auch unsere Vernunft nicht, was Gut und Böse ist.

Autismus

Noch klarer wird uns die Bedeutung des Einfühlungsvermögens, wenn wir uns anschauen, wie sich ein entsprechender Mangel auswirkt. Für Menschen, die an Autismus leiden, ist soziale Kommunikation extrem anstrengend. Autisten haben Schwierigkeiten mitzubekommen, was sich im Gesicht des Gegenübers abspielt. Im Film »Rain Man« stellte Dustin Hoffman einen erwachsenen Autisten dar, der außergewöhnliche Fähigkeiten zum

Beispiel im Kopfrechnen und in der Merkfähigkeit hatte. Menschen mit solchen »Inselbegabungen« nennt man Savants. 50 Prozent der bekannten Inselbegabten sind Autisten. Auch wenn Autismus nicht heilbar ist, so kann man ihn doch durch Übung lindern. Was für andere Menschen wie selbstverständlich ist, müssen Autisten Schritt für Schritt mühsam lernen. Dabei brauchen sie viel Struktur und Ordnung, um nicht von Reizen überflutet zu werden. Therapien, die gezielt soziales Verhalten einüben, haben den nachhaltigsten Erfolg.

Spiegelneurone

1996 stießen der Hirnforscher Giacomo Rizzolatti und seine Kollegen auf sogenannte Spiegelneurone. Dies sind bestimmte Nervenzellen, die nicht nur aktiv sind, wenn man selbst etwas tut oder fühlt, sondern auch wenn man einem anderen dabei zuschaut. Rizzolatti und Gallese fanden diese Neurone zunächst in einer bestimmten Gehirnregion – dem Stirnhirn (präfrontalen Kortex) – von Affen. Egal, ob ein Affe selbst nach einer Erdnuss greift oder zuschaut, wie es ein anderer Affe tut, sind dieselben Nervenzellen im Gehirn aktiv. Beim Menschen ermöglichen diese Spiegelneurone nicht nur das Nachahmen von Bewegungen, sondern auch intuitives Nachempfinden von Gefühlen anderer. Dieses Mitfühlen ist die Basis unseres Einfühlungsvermögens.

Das Spiegelneuronensystem wird aktiviert, wenn wir seelische Zustände von Mitmenschen automatisch nachempfinden. Bereits wenige Tage alte Neugeborene reagieren auf freudige oder traurige Gesichter und ahmen die Bewegungen im Gesichtsausdruck nach. Die Spiegelneurone spielen eine ganz wesentliche Rolle bei unseren sozialen Kontakten. Wir erkennen im anderen das »wie ich«. Die Imitation ist ein automatischer, unbewusst ablaufender Prozess. So kann man jemandem gegenübersitzen und sich plötzlich schlecht fühlen oder auch umgekehrt. Dennoch ist das Gehirn in der Lage zu unterscheiden, ob wir gerade mitfühlen oder ob es unsere eigenen Gefühle sind. Zur Differenzierung werden unterschiedliche Hirnbereiche aktiviert.

Gefühle im Alltag

Psychische Stabilität ist eine wesentliche Grundlage für Lebenszufriedenheit. Fehlt sie, sind wir anfälliger für körperliche und seelische Erkrankungen. Es liegt also nahe, sich zu fragen, wie wir seelisch stabil werden und diese Stabilität auch beibehalten können.

Was verhilft zu seelischer Stabilität?

So wie sich Kulturen und individuelle Menschen voneinander unterscheiden, gibt es unterschiedliche Wege zu mehr Lebensqualität. Allerdings kennen wir aus der Psychotherapie einige Faktoren, die bei vielen Menschen unserer Kultur eher stabilisierend und gesund erhaltend wirken und andere, die eher die Verletzlichkeit erhöhen. Die Prozesse und Faktoren, die Gesundheit fördern, bezeichnen wir als Salutogenese. Schützende Maßnahmen lassen sich oft besser beeinflussen als krank machende. Das Konzept der Salutogenese steht in engem Zusammenhang mit der Ressourcenorientierung. So wie man sich lange vorwiegend mit den Risikofaktoren von Krankheiten beschäftigt hat, fokussierte die Psychotherapie früher eher auf Schwächen und Schwierigkeiten (Defizitorientierung). Moderne Psychotherapie hat dagegen erkannt, dass anhaltende Änderungen im Erleben viel besser erreicht werden, wenn sie an den individuellen Stärken anknüpft (Ressourcenorientierung). Dabei erweitern neue Erfahrungen den Horizont. Es geht darum, flexibler im Umgang mit unterschiedlichen Situationen zu werden und souveräner. Eine eingeschränkte Flexibilität findet man bei den meisten seelischen Erkrankungen, so zum Beispiel bei Ängsten, Zwängen oder der Depression. Man kann lernen, in seinem Denken, Fühlen und Verhalten flexibler zu werden. Das heißt nicht, dass man sich oder sein Leben grundlegend, also radikal,

ANWENDUNG
Bin ich flexibel genug?

Machen Sie sich an dieser Stelle Gedanken über Ihre eigenen Erlebens- und Verhaltensgewohnheiten. Notieren Sie Bereiche, in denen Sie eine mangelnde Flexibilität wahrnehmen. Können Sie sich eine andere Perspektive vorstellen? Sie können sich dabei auch vorstellen, sich von außen zu beobachten. Welchen Rat würden Sie sich selbst geben? Was würde Ihre beste Freundin dazu sagen?

WISSEN

Wir verhalten uns oft unvernünftiger, als wir denken

Der amerikanische Verhaltensökonom Dan Ariely erforscht, warum sich Menschen in alltäglichen Situationen so unvernünftig verhalten und was Menschen in ihrem Leben motiviert. Er hat ein Buch darüber geschrieben, dass die gängige Wirtschaftstheorie auf dem Irrtum beruhe, dass der Mensch sich rational verhalte. In Wirklichkeit verhielten sich Menschen im Alltag, im Beruf und in der Liebe nicht nur irrational, sondern auch vorhersehbar irrational – sie machten nämlich immer wieder dieselben Fehler, ohne viel daraus zu lernen. Ariely belegt seine Thesen mit einigen ausgefallenen Experimenten. So bot er Gästen in einer Kneipe Bier aus zwei verschiedenen Krügen an. Eine der Proben war mit Essig versetzt. Die Gäste, die er vorher darüber informierte, rümpften beim ersten Schluck die Nase und bevorzugten das reine Bier. Den nicht aufgeklärten Gästen schmeckte mehrheitlich das Bier mit Essig besser. Ariely zieht daraus die Schlussfolgerung: Wenn man denkt, dass etwas ekelhaft schmecken könnte, wird es vermutlich auch so sein – nicht weil man es so empfindet, sondern weil man es erwartet.

verändern muss. In der Regel setzt seelische Stabilität eine Ausgeglichenheit zwischen Geben und Nehmen voraus.

Was bedeutet Flexibilität im Erleben und Verhalten?

Als Menschen nehmen wir unterschiedliche Rollen ein. Wir können Partner, Freundin, Kollege, Mutter, Sohn oder Ratgeber sein. Jede dieser Rollen erfordert bestimmte Wahrnehmungs- und Verhaltensleistungen und eine Anpassung an die jeweilige Situation. Flexibilität ermöglicht es Menschen, sich in ganz unterschiedlichen Situationen angemessen zu verhalten. Eine Voraussetzung hierfür ist das Hineinversetzen-Können in andere. Spüre ich, dass sich jemand in einer Extremsituation befindet und nicht in der Lage ist, auf die Bedürfnisse anderer angemessen zu reagieren, werde ich eher nachsichtig sein und eigene Bedürfnisse zurückstellen. Mangelnde Flexibilität kann sich darin zeigen, dass man von seinem eigenen Anspruchsniveau nicht abweichen kann. Dazu einige Beispiele:

- Wenn Besuch kommt, muss alles aufgeräumt und sauber sein, sonst könnte man als schlechte Hausfrau dastehen.
- Der konfliktscheue Angestellte, der immer gute Miene zum bösen Spiel macht und irgendwann regelrecht »explodiert«.
- Die Autoritätsperson, die sich nicht nur im Beruf, sondern auch im privaten Bereich ständig verantwortlich fühlt.
- Der um seinen Körper besorgte Mann, der jede körperliche Wahrnehmung als mögliche Krankheit oder Gefahr wertet

und die ängstigenden Gedanken nicht mehr kontrollieren kann.

Diese Beispiele mangelnder Flexibilität lassen sich unendlich fortsetzen. Jede seelische Störung lässt sich als mangelnde Flexibilität im Erleben oder Verhalten verstehen. Setzt man dem nichts entgegen, wird man in seinen Möglichkeiten immer starrer und eingeengter. Es geht dann darum, wieder weiter zu werden in seinen Sichtweisen. Hierbei können Rückmeldungen vertrauter Menschen sehr hilfreich sein.

Kriterien für mangelnde Flexibilität

- Sie vermeiden zunehmend Aktivitäten aus Angst zu versagen.
- Sie lassen Wünsche nicht mehr zu, weil Sie enttäuscht werden könnten.
- Sie versuchen ständig, anderen gerecht zu werden aus Angst, nicht mehr geliebt oder abgelehnt zu werden.
- Sie verlassen sich lieber auf Vertrautes, obwohl Sie sich damit schon lange nicht mehr wohlfühlen.

Was hilft, flexibler zu werden?

Versuchen Sie, je nach Situation herauszufinden, was jetzt dran ist und was nicht. Wenn Sie zum Beispiel müde sind, ist es nicht sinnvoll, sich geistige Höhenflüge abzuverlangen. Stattdessen könnten Sie entsprechend Ihrer Möglichkeiten schlafen, weniger fordernden Alltagsaufgaben nachgehen (zum Beispiel Wäsche waschen, bügeln) oder eine eher passive Ressource nutzen (zum Beispiel Musik hören). Sind Sie wieder wacher und leistungsfähiger, können Sie sich anspruchsvolleren Aufgaben widmen. Kommen Sie dabei nicht weiter, versuchen Sie herauszufinden, was Sie brauchen. Sind Sie durch die Aufgabe überfordert? Benötigen Sie Hilfe? Wo könnten Sie diese finden? Vielleicht stellen Sie auch fest, dass die Aufgabe gar nicht Ihren wirklichen Zielen und Wünschen entspricht.

wichtig

Flexibilität beinhaltet Offenheit, Interesse, Neugier, Selbstvertrauen, aber auch das Anerkennen von Grenzen und Realitäten.

Sich zwischen Müssen und Muße austarieren

Zeit ist in unserer Gesellschaft inzwischen zum Luxusgut geworden und Stress zu einem Massenphänomen. Dafür gibt es vielfältige Gründe wie die ständig steigende Informationsflut, aber auch die schier unbegrenzten Möglichkeiten der Lebens- und Freizeitgestaltung. So kann es zu einem Spagat kommen zwischen Müssen und Muße. Voraussetzung für Ausgeglichenheit ist ein äußeres und inneres Zur-Ruhe-Kommen. Es geht darum, das Hier und Jetzt zu erleben statt die Tage mit vielen unwichtigen Dingen »totzuschlagen«. Schönheit und Reichtum im Leben bestehen darin, wirklich hier und jetzt in diesem Raum zu sein. Man kann dem Leben nicht mehr Stunden geben, aber den Stunden mehr Leben.

Was ist Ihnen wichtig?

Wer sich klare Ziele setzt, Wichtiges von Unwichtigem unterscheiden kann, findet wieder mehr Freude am Leben. Dabei können folgende Überlegungen hilfreich sein:

- Was ist mir wichtig?
- Wie viel Zeit verbringe ich mit den mir wichtigen Dingen (z. B. lesen, mich bewegen, kreativ sein)?
- Fehlt mir die nötige Zeit, weil ich oft mit dringenden, aber eigentlich unwichtigen Dingen beschäftigt bin (z. B. Reaktion auf E-Mails, Telefonate, Sensationsnachrichten ohne Informationsgehalt)?

Machen Sie sich eine Liste mit folgenden Kategorien:

- dringend und wichtig
- wichtig, aber nicht dringend (langfristige Ziele und Werte)
- dringend, aber nicht wichtig
- nicht dringend und nicht wichtig

Entscheidend ist, dass Sie sich Zeit nehmen für die Ihnen wichtigen, ja wesentlichen, Dinge (die dringenden und die nicht dringenden). Versuchen Sie die Bereiche zu identifizieren, die für Sie nicht wichtig sind, Sie aber oft unter Stress und Zeitdruck setzen. Streichen Sie am besten die Aktivitäten der letzten Kategorie (nicht dringend und nicht wichtig). Das können zum Beispiel zielloses Fernsehen, Dauerberieselung oder die oberflächliche Beschäftigung mit unbedeutenden Inhalten sein (Diese vier Kategorien beschrieb Stephen R. Covey in seinem Buch: »Die sieben Wege zur Effektivität«).

Kreativität braucht Muße

Mittlerweile beginnt unsere »Beschleunigungsgesellschaft« die Muße wiederzuentdecken, dabei hat Müßiggang einen Lebenswert an sich. Kreativität, schöpferische Einfälle gedeihen am ehesten, wenn man sie nicht erzwingt. Seine Erkenntnisse zur Schwerkraft kamen dem Physiker Isaac Newton, als er in seinem Garten in entspanntem Zustand einen Apfel betrachtete. Wer ständig getrieben ist, läuft Gefahr, den Kontakt zu seiner Kreativität und Fantasie zu verlieren, dauerhaft leiden auch soziale Beziehungen und Gesundheit. Die Hirnforscher sehen Zeiten der Muße mittlerweile als notwendigen Zustand, um sich zu regenerieren. Wir brauchen also einen gewissen »Leerlauf im Kopf«, um geistig stabil zu bleiben. Im Leerlauf, der auch als »Default Network« bezeichnet wird, schaltet das Gehirn auf eine Basisfunktion. Es ist ein Zustand, in dem sich das Zentrum des Bewusstseins mit sich selbst beschäftigt, in dem man die Gedanken schweifen lässt. Untersuchungen deuten auf einen möglichen Zusammenhang zwischen einem Leerlauf-Netzwerk und dem Ich-Bewusstsein hin. Bei Kindern und bei Patienten mit einer Alzheimer-Demenz findet man wenig Leerlaufaktivität, beide Gruppen haben ein weniger ausgeprägtes Ich-Bewusstsein als gesunde Erwachsene.

Die Bereiche im Gehirn, die aktiv werden, wenn wir über uns selbst nachdenken, überschneiden sich mit den Bereichen im sogenannten Leerlauf-Zustand. Wie bereits oben erwähnt, ist dies bei genauer Betrachtung gar kein Leerlauf. Auch wenn wir schlafen oder vor uns hin träumen, nutzt das Gehirn die Chance, Netzwerke aus Nervenzellen neu zu organisieren, Gelerntes zu ordnen und zu verarbeiten.

wichtig

Muße hat weniger mit der Menge an Zeit zu tun, sondern eher mit einer inneren Haltung. Um überhaupt noch Zeiten der Muße zu finden, geht es darum, sich von der Fülle an Wahlmöglichkeiten, die die moderne Gesellschaft mit sich bringt, nicht unter Druck setzen zu lassen.

Es ist ein Trugschluss zu meinen, dass die Fülle an Erlebnissen das Leben reicher macht. Unter dem Druck, sich ständig entscheiden zu müssen, leiden Achtsamkeit und Genussfähigkeit. Aus diesem Grund suchen Menschen im Urlaub manchmal die Reizarmut einer einsamen Berghütte oder das einfache Leben beim Campen in der Natur. Die Konfrontation mit sich selbst macht allerdings nicht wenigen Menschen auch Angst, weshalb sie es vorziehen, sich dauerberieseln zu lassen.

Ein erster Schritt zum Umgang mit der Zeit kann zum Beispiel sein, sich am Sonntagabend eine halbe Stunde hinzusetzen und die kommende Woche zu planen. Welche Bereiche sind bisher zu kurz gekommen? Es kann sinnvoll sein, Termine mit sich selbst einzutragen wie Zeit zur Stille oder zum Lesen oder Musikhören. Wer lernt, auf diese Weise mit seiner Zeit umzugehen, spürt, dass das Druckgefühl nachlässt, ein Gefühl der Freiheit und Zufriedenheit einkehrt. So kann das Leben wieder farbiger werden.

Im Wesentlichen gibt es vier Lebensbereiche, die wir im Alltag in Übereinstimmung bringen müssen. Meist hat der Lebensbereich »Arbeit und Leistung« Priorität und die anderen Bereiche »Körper und Gesundheit«, »Familie und Beziehungen«, »Kultur und Spiritualität« kommen zu kurz. Wie versuchen Sie, diese Lebensbereiche in Balance zu bringen?

Work-Life-Balance

Von der sogenannten Work-Life-Balance spricht man, wenn der Ausgleich zwischen Arbeit auf der einen Seite und der Freizeit mit Hobbys und sozialen Beziehungen auf der anderen Seite stimmt. Eine entsprechende Balance schützt vor einem Burnout. Wer einmal »ausgebrannt« ist, nimmt die eigenen Bedürfnisse oft nicht mehr wahr. Deshalb ist es wichtig, sich und seine Arbeitssituation rechtzeitig zu hinterfragen:

- Achte ich genug auf mich selbst, auf meine Bedürfnisse und meine Körpersignale?
- Gehe ich wertschätzend mit mir und anderen um?
- Entsprechen meine Arbeit und meine Freizeitaktivitäten meinen persönlichen Zielen und Wertvorstellungen?

ANWENDUNG

Wie kann ich Belastungen besser verkraften?

Denken Sie an eine belastende Alltagssituation.

- Wo spüren Sie die Belastung in Ihrem Körper?
- Wie stark schätzen Sie die Belastung auf einer Skala von 0–10 ein (0 = keine Belastung, 10 = Höchstbelastung)?
- Welche drei Fähigkeiten würden Ihnen helfen, mit dieser Belastung besser umzugehen?
- Wann in Ihrem Leben hatten Sie jeweils diese Fähigkeit? Versuchen Sie für jede der Fähigkeiten eine konkrete Situation aus Ihrem Leben zu finden. Zum Beispiel:
  - Wann konnten Sie sich abgrenzen?
  - Wann waren Sie gelassen?
  - Wo konnten Sie sich durchsetzen?
- Erinnern Sie sich jeweils an diese Situation und versuchen Sie wahrzunehmen, ob Sie die Fähigkeit im Körper spüren können. Gehen Sie in Kontakt mit sich und Ihren Ressourcen.
- Wenn Sie für jede Fähigkeit eine Situation aus Ihrem Leben gefunden haben und damit in Kontakt gekommen sind, dann schauen Sie noch einmal auf die Ausgangssituation. Wie belastend fühlt sich diese jetzt an, wenn Sie in Kontakt mit Ihren Ressourcen sind (Skala von 0–10)?

Die Strukturen in Firmen und Unternehmen sind belastender geworden. Der Termindruck und die Arbeitsverdichtung sind gestiegen. Weitere Risikofaktoren sind ein geringer Entscheidungs- und Handlungsspielraum sowie eine schlechte Entlohnung. Es geht darum, eine Unternehmenskultur zu schaffen, in der über Erschöpfung und persönliche Grenzen offen gesprochen werden kann. Für ein gesundes Betriebsklima bedarf es der Wertschätzung und Anerkennung.

Was hilft, das eigene Potenzial auszuschöpfen?

Auch wenn es hier nicht um Spitzenleistungen gehen soll, kann das Beispiel der Olympiasiegerin und Weltmeisterin Britta Steffen zeigen, wie man Hemmnisse überwindet und sich im wahrsten Sinne des Wortes frei schwimmt. Obwohl Britta Steffen schon lange als Schwimmtalent galt, versagte sie immer wieder in Wettkämpfen. Ihre Ängste hinderten sie zunächst daran, eine erfolgreiche Schwimmerin zu werden. Als Kind war sie unter eine Matte im Wasser geraten und schaffte es nur mit Mühe, wieder an die Oberfläche zu gelangen. Dabei schluckte sie viel Wasser und glaubte zu sterben. Neben dieser traumatischen Vorerfahrung hatte sie Angst, nur an ihren Leistungen gemessen zu werden (»Wenn ich nicht gut schwimme, dann bin ich kein wertvoller Mensch.«). Mit psychologischer Unterstützung gelang es Britta Steffen, ihre Ressourcen zu aktivieren. Gedanken wie »Ich schaffe es nicht« wurden als leistungshemmend identifiziert, aber auch die Angst vor dem Neid der anderen. Britta Steffen lernte in einem Zustand der Ruhe und Entspannung, Angstimpulse zu hemmen. Gleichzeitig aktivierte sie Ressourcen wie Freude und Kraft, indem sie sich an frühere Situationen erinnerte, in denen sie mit diesen Kraftreserven verbunden war.

Selbstwirksamkeit

Das Konzept der Selbstwirksamkeitserwartung beschreibt, in welchem Ausmaß jemand glaubt, selbst Einfluss auf wichtige Lebensbereiche nehmen zu können. Je nach Selbstwirksamkeitserwartung kann man sich eher als Opfer der Bedingungen oder als Gestalter von Lebensbereichen erleben. Die Selbstwirksamkeitserwartung ist das Ergebnis von Lernerfahrungen und automatischem Denken. Sie ist somit veränderbar, wenn es Menschen gelingt, sich für neue Lernerfahrungen zu öffnen und automatisches Denken zu beeinflussen.

Wirksam werden kann man nach innen genauso wie nach außen. Die Reihenfolge sollte von innen nach außen sein. Ein Sprichwort sagt: »Die hilfreichste Hand findest du an deinem eigenen Arm.« Man beginnt zuerst mit der Wahrnehmung der eigenen Person, fragt sich, wie man mit sich selbst umgeht.

- Sorge ich körperlich, emotional und geistig gut für mich selbst?
- Fühle ich mich in dem, was ich tue, echt und authentisch?
- Habe ich Lebensziele, die ich verfolge?
- Wie gehe ich mit der eigenen Vergangenheit um?
- Orientiere ich mich in der Gegenwart und lebe im Hier und Jetzt?
- Kann ich genießen?

Im Außen geht es darum, sich einigermaßen sicher fühlen zu können. Äußere Sicherheit und ein gewisses Vertrauen in andere Menschen gehören neben Nahrung und Schlaf zu den Grundbedürfnissen des Menschen. Stimmig ist es, wenn Selbst- und Fremdfürsorge ausgeglichen sind, es ein Gleichgewicht zwischen Geben und Nehmen gibt.

ANWENDUNG

Wie kann ich meine Selbstwirksamkeit verbessern?

Stellen Sie sich Ihren aktuellen Alltag vor:

- Beginnt der Morgen zu hektisch, weil Sie unter Zeitdruck sind? Wäre es hilfreicher, früher aufzustehen? Wie möchten Sie Ihren Tag beginnen?
- Haben Sie Zeit, in Ruhe zu essen? Sorgen Sie für erholsame Pausen?
- Haben Sie das Gefühl, Ihre Arbeit bewältigen zu können? Was überfordert Sie? Ist es die mangelnde Abgrenzung oder das objektive Pensum oder sind es die Inhalte? Können oder möchten Sie etwas verändern?
- Welche Ressourcen stehen Ihnen als Ausgleich zur Verfügung? Bewegen Sie sich regelmäßig? Können Sie kreativ sein? Treffen Sie sich mit Menschen, mit denen Sie sich wohlfühlen? Schlafen Sie ausreichend?
- Haben Sie Wünsche, wie Ihr Alltag aussehen könnte?

Wie und wo entstehen Gefühle?

Was passiert in unserem Gehirn, wenn wir traurig sind, uns freuen oder ekeln? Wie kommt es, dass wir von Emotionen regelrecht überflutet werden können? Welche Rolle spielt das Bewusstsein? Und welche Rolle spielt unser Körper?

Gefühle entstehen im Kopf

Kennen Sie das? Sie hören ein bestimmtes Musikstück und auf einmal werden Sie wehmütig. Oder Ihnen steigt ein Duft in die Nase und Sie fühlen sich augenblicklich an einen längst vergessen geglaubten Ort zurückversetzt …

Die Bedeutung der Erinnerung

Es war eine Tasse Lindenblütentee und eine Madeleine, die ihn in seine Kindheit zurückbrachte. Das Aroma des Tees setzte eine Kette von Erinnerungen in Gang, in der die ganze Kindheit wieder lebendig wurde. So ging es dem Erzähler in Marcel Prousts Buch »Suche nach der verlorenen Zeit«. Proust hat entdeckt, dass ein kleiner Auslöser genügen kann, um eine vergessen geglaubte Vergangenheit wieder zu aktivieren. Geruchs- und Geschmackswahrnehmungen wirken als besonders intensive Auslöser.

Die Neurowissenschaften versuchen Gedächtnisphänomene zu erklären, wie sie Marcel Proust auf seiner Suche nach der verlorenen Zeit beschrieben hat. Gedächtnis verbindet unser Denken, unsere Emotionen und Erfahrungen.

Unsere bewussten Erlebnisse speichert das explizite Gedächtnis

Das autobiografische Gedächtnis tritt ab einem Alter von drei bis vier Jahren auf. Es stellt die späteste und höchste Form unseres Erinnerns dar und ist ein Privileg menschlicher Lebewesen. Man spricht vom expliziten oder deklarativen Gedächtnis. Neben autobiografischen Episoden zählen dazu auch allgemeine Fakten wie Vokabeln, mathematische, geografische oder literarische Kenntnisse. Unser autobiografisches Erfahrungsgedächtnis ermöglicht uns ein planvolles Handeln über längere Zeiträume und vergrößert damit entscheidend unseren Handlungsspielraum. Bereits bei Neugeborenen lassen sich basale Erinnerungsleistungen beobachten. Sie können zum Beispiel die Stimme ihrer Mutter von der Stimme anderer Frauen unterscheiden. Mit etwa neun Monaten entwickeln Kinder ein Gespür für die Emotionen anderer Personen, in dieser Phase findet eine intensive Gehirnentwicklung statt, die Kontaktstellen zwischen den einzelnen Nervenzellen (Synapsen) vermehren sich rasant. Von einem autobiografischen Gedächtnis kann man jedoch erst nach weiteren Fortschritten im Alter von drei bis vier Jahren sprechen. Kinder in diesem Alter können sich aktiv und bewusst an Erlebnisse in ihrer Vergangenheit erinnern, und sie wissen dabei, dass sie es waren, die diese Erlebnisse gehabt haben. Wenn sie von sich selbst sprechen, benutzen sie nicht mehr ihren Namen, sondern das Wort »ich«. Sprache ist das entscheidende Instrument des Bewusstseins und beeinflusst wesentlich die Intelligenz des Menschen.

Das implizite Gedächtnis speichert unbewusst Erlerntes

Neben dem deklarativen Gedächtnis, welches episodisches und Faktenwissen umfasst, gibt es noch das nicht deklarative, prozedurale oder auch verborgene Gedächtnis. Inhalte dieses sogenannten impliziten Gedächtnisses, das früh in unserer Lebensgeschichte entsteht, sind nicht bewusst erinnerbar, sondern als weitgehend unbewusste Prozeduren abgespeichert. So haben wir ein sehr stabiles Gedächtnis für Fertigkeiten wie das Fahrradfahren oder das Klavierspielen. Wer einmal das Fahrradfahren gelernt hat, verlernt es nicht mehr. Solche Prozesse werden durch Übung mit der Zeit automatisiert, ohne dass wir darüber nachdenken müssen. Auf diese Weise haben wir als kleine Kinder alle einmal das Laufen gelernt. Die unbewusste Wahrnehmung sämtlicher Sinnesreize nennt man Priming. Wir erleben zum Beispiel, dass Eis kalt ist, ein Blatt zum Baum gehört. Auch frühe Bindungserfahrungen gehören zum impliziten Beziehungswissen.

Das Arbeitsgedächtnis lässt uns die Gegenwart erleben

Unser Arbeitsgedächtnis verknüpft Informationen, die es vom Kurzzeitgedächtnis erhält, mit Langzeiterinnerungen, die gleichfalls aktiviert werden. Das Arbeitsgedächtnis umfasst das, was uns gerade beschäftigt, woran wir gerade denken, es betrifft das Hier und Jetzt. Einen wesentlichen Beitrag zum Arbeitsgedächtnis leistet ein im Stirnhirn befindlicher Bereich, der präfrontaler Kortex genannt wird. Mit Kortex wird die Großhirnrinde bezeichnet, in der das eigentliche Denken stattfindet. In der Großhirnrinde werden Wahrnehmung und Gedächtnis organisiert und Handlungspläne entworfen.

Das Arbeitsgedächtnis hat Verbindungen zu den verschiedenen Sinnessystemen (Sehen und Hören), zu Systemen, die für die Wahrnehmung des Raumes zuständig sind sowie für die Sprache. Außerdem bestehen Verbindungen zu Bereichen der Großhirnrinde, die an der Bewegungskontrolle beteiligt sind. Über unsere Wahrnehmung und unser Körperempfinden vermittelt uns das Arbeitsgedächtnis ein emotionales Erleben in der Gegenwart.

Was ist das Geheimnis von Gedächtniskünstlern?

Man hört immer wieder von »Gedächtniskünstlern«, die sich lange Zahlenreihen oder Wortkombinationen merken können. Was ist das Geheimnis dieses phänomenalen Gedächtnisses? Menschen mit dieser

Begabung haben ausgeprägte bildhafte Vorstellungen, die wiederum verbunden sein können mit Farben, Gerüchen und Gefühlen. Es gibt keine klare Grenze zwischen den verschiedenen Sinnen. So werden bestimmte Worte oder Töne mit einer Farbe assoziiert, Zahlen bekommen sinnliche Eigenschaften wie ein konkreter Gegenstand. Zahlenreihen werden beispielsweise gemerkt, indem man jede Zahl mit einer Person identifiziert und man sich diese Person an einem bestimmten Ort vorstellt. Statt sich abstrakte Zahlen vorzustellen, gehen diese »Gedächtniskünstler« gedanklich an die verschiedenen Orte und identifizieren die Personen mit den zugehörigen Zahlen. Menschen mit solch einem großen Gedächtnis drängt sich oft eine Vielzahl von Bildern auf, was Probleme beim Abstrahieren macht. Betroffene haben es schwerer, Dinge zu begreifen, die man nicht sehen kann, wie zum Beispiel den abstrakten Begriff »Unendlichkeit«. Wenn es keine klaren Grenzen zwischen den verschiedenen Sinneswahrnehmungen gibt, spricht man von Synästhesien. Synästhetiker haben eine ausgeprägte Fähigkeit, Assoziationen zu bilden und zu speichern.

Wie sich unser Gehirn anpasst

Das, was wir tun und denken, formt unser Gehirn. Dazu ein Beispiel: Bei Pianisten, die in schwierigen Stücken bis zu 1 800 Noten pro Minute koordinieren, vergrößert sich der Teil der Großhirnrinde, der den Tastsinn der Finger repräsentiert. Entsprechende Veränderungen sind umso ausgeprägter, je früher mit dem Musizieren begonnen wird.

Das Gehirn verändert sich entsprechend seiner Benutzung. Nervenzellen, die gleichzeitig elektrische Signale abfeuern, stärken ihre Verbindungen untereinander, Erinnerungen werden in ein Netz von Nervenzellen eingeschrieben. Werden Nervenzellen eines Netzwerkes aktiviert (zum Beispiel durch den Geruch des Lindenblütentees bei Marcel Proust), können vergessen gewähnte Erinnerungen wie aus dem Nichts auftauchen. Man kann sich das etwa so vorstellen: Anfänglich dünne Verbindungswege werden durch intensive Nutzung immer dicker, am Ende sind sie wie Autobahnen. Diese »Autobahnen im Gehirn« können so beschaffen sein, dass man, wenn man einmal darauf ist, nicht mehr herunterkommt.

Computersucht. Der Hirnforscher Gerald Hüther warnt vor Veränderungen insbesondere von Kinderhirnen durch Computersucht. Betroffenen drohe sogar der Verlust des Realitätssinns, sodass sich Kinder und Jugendliche in der Realität nicht mehr zurechtfinden.

Lügen. Mithilfe von Funktionsuntersuchungen des Gehirns durch die Kernspintomografie versuchen Hirnforscher tatsächlich, Gedanken zu lesen. Sie haben Menschen, die die Wahrheit denken bzw.

sagen, verglichen mit Menschen, die lügen. Dabei fanden sie heraus, dass beim Lügen noch zusätzliche Gehirnbereiche aktiv werden, das heißt: Lügen kostet zusätzliche Denkkraft, die sich als eine Art Spur im Gehirn zeigt.

Lernen

Die Nervenverbindungen des Menschen entwickeln sich sehr in Abhängigkeit davon, was in der sozialen Interaktion erlebt und gelernt wird (Social-Brain-Hypothese). Die Grundlage ist die genetische Ausstattung. Darauf aufbauend führen aktuelle Reize zu einem spezifischen Erregungsmuster von Nervenzellen. Dieses wiederum ist für das Entstehen von Körpererleben, Emotionen und Kognitionen verantwortlich. Je intensiver und je häufiger das Erleben, desto fester verbinden sich die gleichzeitig erregten Nervenzellen miteinander. Schon 1949 hat der Psychologe Donald Hebb festgestellt, dass die wiederholte gemeinsame Aktivierung von zwei miteinander verbundenen Nervenzellen, diese Verbindung verstärkt (»Cells that fire together, wire together«). Das ist die Grundlage des Lernens. Diese Veränderbarkeit des Gehirns nennt man Neuroplastizität. Der Gebrauch verändert das Gehirn. Je häufiger bestimmte Verbindungen benutzt werden, desto stabiler und stärker werden sie. Wahrnehmungen werden in die bereits angelegten Bahnen gelenkt und die Reaktionen werden immer stereotyper. So erklären sich bestimmte emotionale und Verhaltensmuster, die fast reflexartig auf gewisse Reize folgen. Wir werden davon geprägt, was wir oft tun und denken. Entsprechend verändert sich auch die Gehirnstruktur.

Welche »reflexhaften« Reaktionsweisen zeigen Sie?

- Kennen Sie Situationen bei sich selbst, auf die Sie wie auf ein rotes Tuch reagieren?
- Welche Reize führen bei Ihnen zu einem Erregungszustand?
- Möchten Sie diese »Autobahn« verlassen?

Das meiste erledigt das Gehirn unbewusst

Der größte Teil unseres Erlebens ist uns nicht bewusst. So ist der vorbewusste Reflex, etwas zu wollen oder zu tun, schneller als die bewusste Handlung. Das Gehirn leitet also Willensprozesse ein, bevor man sich dieses Willens überhaupt bewusst ist. Viele Entscheidungen treffen wir nur scheinbar rational, oft spielt die Intuition eine wesentliche Rolle. Unser Bewusstsein schafft es gerade, 40 Sinneseindrücke gleichzeitig zu verarbeiten. Alles andere muss schon aus reinem Mangel an Verarbeitungskapazität den nicht bewussten, automatisch ablaufenden Prozessen im Gehirn überlassen werden. Wenn wir Entscheidungen getroffen haben, finden wir oft im Nachhinein Gründe, was uns die Illusion verschafft, uns willentlich zu einem bestimmten Beschluss durchgerungen zu haben. Unserer Psychohygiene tut das gut, es verschafft uns das Gefühl von Kontrolle.

Im präfrontalen Kortex werden Wissen und Gefühle koordiniert, wobei letztendlich die Gefühle maßgeblich für das Treffen von Entscheidungen sind. Jene Informationen, die zwar abgespeichert werden, aber nicht direkt mit dem Bewusstsein in Kontakt stehen, nennt man implizites Wissen. Priming – wie wir schon erwähnt haben – ist die Fähigkeit des Gehirns, im Verborgenen, also unbewusst, Informationen über die Welt aufzunehmen. Diese unbewussten Prozesse beeinflussen entscheidend unsere Gefühle. Je bewusster wir uns unserer Gefühle sind, desto eher können wir Einfluss nehmen.

Kennen Sie bei sich selbst das Phänomen, nach Rechtfertigungen zu suchen, um mögliche Zweifel nicht zuzulassen? Es ist nicht so leicht, Gefühle von Unsicherheit auszuhalten, selbst wenn diese der Situation angemessen sind.

ANWENDUNG

Was hilft, Unsicherheit auszuhalten?

Jede neue Lebenssituation führt erst einmal zu Verunsicherung, weil man ungewohntes Terrain betritt. Übergeht man Gefühle von Angst und Zweifel und zeigt sich nach außen sicher und stark, nimmt man sich die Chance, seine wirklichen Bedürfnisse zu befriedigen. Eine verzerrte Wahrnehmung der eigenen Gefühle kann viel Leid verursachen.

Deshalb ist es wichtig, das Gefühl der Unsicherheit als solches wahrzunehmen. Man kann es in Worte fassen (»Ich fühle mich unsicher. Ich weiß noch nicht, welche Entscheidung ich treffen soll.«) und man kann ihm eine Gestalt geben (symbolisiert durch Farben und Formen oder durch ein Wesen, das man aus der Literatur oder aus dem Film kennt). Wo spüren Sie die Unsicherheit im Körper? Betrachten Sie die Situation und das Gefühl der Unsicherheit von außen:

- Entspricht das Gefühl der Realität? Brauchen Sie noch Zeit, um sich zu orientieren? Fehlen Ihnen noch wichtige Informationen? Was sagen Vertrauenspersonen dazu?
- Wenn das Gefühl der Unsicherheit angemessen ist, weil Sie noch nicht wissen, wie es weitergeht und ob Sie es schaffen, dann sind Sie im Kontakt mit sich selbst und können sich fragen, was Sie brauchen. Hilft die Erfahrung von anderen? Brauchen Sie Unterstützung?
- Es ist eine Stärke, wenn man zugeben kann, dass man sich unsicher fühlt, etwas nicht weiß, bestimmte Ängste hat. Man muss sich deswegen nicht schämen. Sozialkontakte werden dadurch tiefer und authentischer.
- Probieren Sie mal aus, wie es sich anfühlt, wenn Sie zu Ihrer Unsicherheit stehen können.

»Emotionssysteme«

Wissenschaftler versuchen, dem Gehirn in die Karten zu schauen. Das Lesen einzelner Gedanken funktioniert nicht, doch zumindest wichtige Schaltkreise und -zentralen fürs Denken und Fühlen sind ausgemacht. Man kennt beispielsweise die Strukturen, die bei Ängsten und auch Angststörungen beteiligt sind.

Joseph LeDoux, Professor am Center for Neural Science an der New York University, spricht nicht von einem einzelnen Emotionssystem, sondern von einer Fülle von Emotionssystemen, die jeweils für einen eigenen Zweck entwickelt wurden und jeweils eigene Emotionen erzeugen. Die Systeme, die außerhalb unseres Bewusstseins liegen, bezeichnet er als das emotionale Unbewusste. Psychotherapie oder die Beschäftigung mit unseren Emotionen sieht er als einen Prozess, durch den wir lernen können, mehr Einfluss auf evolutionär alte Systeme im Gehirn zu nehmen. Wenn wir unsere wahren Gefühle besser erkennen, kann es gelingen, mehr bewusste Kontrolle über unsere Emotionen zu gewinnen, um Vernunft und Leidenschaft zu integrieren.

Wichtige Schaltzentralen

Der Neurologe und Hirnforscher Antonio Damasio beschrieb, welche Auswirkungen Hirnschädigungen seiner Patienten hatten. Menschen, bei denen eine bestimmte Hirnregion hinter Nase und Stirn (der orbitofrontale Kortex) zerstört ist, sind unfähig, ein normales Leben zu führen.

Trat die Schädigung des orbitofrontalen Kortex in frühester Jugend auf, führte das zu einem schweren asozialen Verhalten. Die Betroffenen hatten keinerlei Gewissensbisse oder Einsicht in ihr Verhalten, sie waren unerziehbar und unbelehrbar. Bei Schädigungen des orbitofrontalen Kortex im Erwachsenenalter zeigten sich eine erhöhte Risikobereitschaft und eine geringere Fähigkeit, aus Fehlern zu lernen. Im Vergleich zu den im Jugendalter Hirnverletzten waren die Auffälligkeiten bei den Erwachsenen geringer ausgeprägt. Bei allen Betroffenen war die Intelligenz durch die Schädigung nicht beeinträchtigt.

Präfrontaler Kortex. Der vordere Teil des Stirnhirns wird als präfrontaler Kortex bezeichnet. Dieser spielt eine zentrale Rolle bei der geistigen Planung, der Entscheidungsfindung, dem Verhalten und der Kontrolle der Gefühle. Der präfrontale Kortex ist eine Art Mittler zwischen Gefühl und Verstand. Hier werden die Gefühle mit den rationalen Erwägungen der Großhirnrinde verknüpft. Mit dem präfrontalen Kortex werden auch höhere kognitive Funktionen in Verbindung gebracht wie zum Beispiel der Humor.

Mandelkerne. Die beiden Mandelkerne sind die Lust- und Frustzentren im Gehirn. Sie liegen jeweils im mittleren Teil des Schläfenlappens (Temporallappen).

▼ Bei der Gefühlsverarbeitung ist das »limbische System« aktiv, zu dem unter anderem die Mandelkerne und der Hippocampus gehören.

Fachsprachlich werden sie Amygdalae bzw. in Einzahl Amygdala genannt. Kernspintomografische Untersuchungen haben gezeigt, dass freundliche Gesichter zu starken Reaktionen in der linken Amygdala führen und gute Laune erzeugen. Unfreundliche oder bedrohliche Gesichter reizten besonders die rechte Amygdala und führten zu Unlust und Furcht.

Hippocampus. Ebenfalls im Temporallappen, den Amygdalae benachbart, liegen die beiden geschwungenen Schenkel des Hippocampus (aus dem Griechischen, auf Deutsch »Seepferdchen«). Er dient der Orientierung und damit verknüpften Gedächtnisfunktionen. Um ins Bewusstsein zu dringen, müssen Reize an den Hippocampus weitergeleitet werden. Als Schalt-

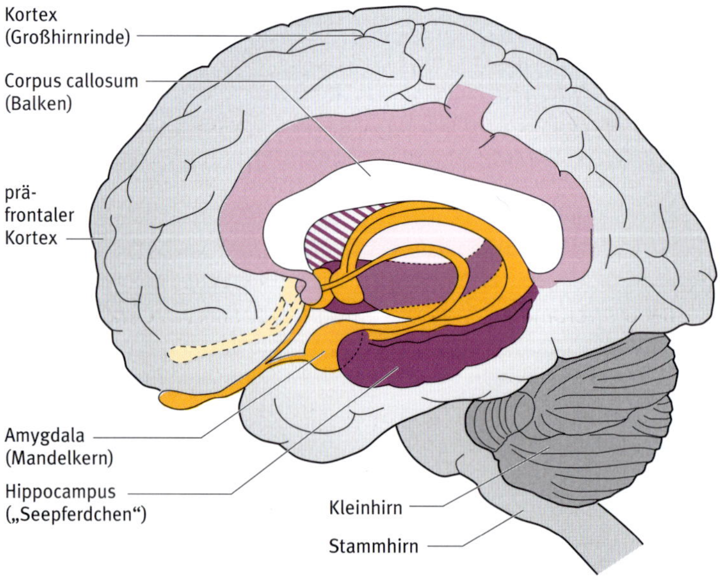

zentrale entscheidet er dann darüber, welche Informationen an die Großhirnrinde weitergegeben werden und welche nicht. Die in der Großhirnrinde gespeicherten Inhalte sind dann Teil des bewussten oder expliziten Gedächtnisses.

»Limbisches System«. Sowohl die Mandelkerne als auch der Hippocampus sind wichtige Schaltzentralen bei der Gefühlsverarbeitung. Ebenfalls bei der Gefühlsregulation beteiligt sind der Hypothalamus und die von ihm gesteuerte Hypophyse. Über Hormone und Nerven steuern Hypothalamus und Hypophyse Hunger, Durst, Sexualität, aber auch Wachstum und Hautpigmentierung. Diese und weitere an der Gefühlsentstehung und -verarbeitung beteiligten Hirnareale werden häufig unter dem Begriff »limbisches System« zusammengefasst. Damit meint man im weitesten Sinne ein Emotionssystem; wobei man sich darüber im Klaren sein muss, dass es **das** Emotionssystem nicht gibt. Daher gibt es für das »limbische System« auch keine einheitliche Definition. Dennoch ist der Begriff hilfreich – und wir werden ihn weiterhin verwenden.

Die Mandelkerne als zentrale Bestandteile des »limbischen Systems« sind vielfältig verschaltet. Über die Verbindungen mit dem präfrontalen Kortex (Arbeitsgedächtnis und Aufmerksamkeit), dem sensorischen Kortex (Wahrnehmung und Kurzzeitspeicherung) und dem Hippocampus (explizites Langzeitgedächtnis) nehmen sie Einfluss auf unsere laufende Wahrnehmung und damit einhergehende Emotionen. Dabei ist ein gewisser Erregungszustand wichtig für alle geistigen Funktionen und trägt wesentlich bei zu Aufmerksamkeit, Gedächtnis, Wahrnehmung, Emotion und Problemlösung. Für optimale Leistungen brauchen wir genau das richtige Erregungsniveau. Vermittelt wird die Erregung über verschiedene Botenstoffe (Neurotransmitter wie Acetylcholin, Noradrenalin, Dopamin, Serotonin), auf die wir später noch genauer eingehen.

Die Mandelkerne bekommen auch vom Riechnerv einen direkten Input, weshalb der Geruchssinn stark mit Emotionen verknüpft ist, was sich besonders beim Ekel zeigt. Gefühle und Körpererleben entstehen unter anderem durch Verbindungen zwischen Amygdalae und Striatum (einem Teil des Großhirns, das wichtig für die Bewegungsgenerierung ist).

Im Hirnstamm verläuft der Facialisnerv, der maßgeblich für unsere Mimik ist und damit für unseren Gefühlsausdruck.

Verarbeitung einzelner Gefühle

Es wäre zu schlicht zu meinen, es gäbe für jede Emotion oder jeden Gedanken ein spezifisches Hirnareal. Jede Denktätigkeit erzeugt im Gehirn ein »Feuerwerk« von Nervenzellverbänden, das sich über das ganze Gehirn verteilt und im Kernspintomografen sichtbar gemacht werden kann. Man ist weit davon entfernt, Gedanken lesen zu können, insbesondere wenn es sich um komplexere handelt als die Unterscheidung zwischen Plus und Minus. Beim Denken wird die Arbeit im Gehirn aufgeteilt. Wenn wir zum Beispiel Zeitung lesen, gibt es Hirnbereiche, die Schwarz-Weiß-Kontraste verarbeiten, andere setzen daraus Buchstaben zusammen, andere bilden daraus Wörter, entschlüsseln deren Sinn und vergleichen sie mit Vorerfahrungen. Hirnforscher versuchen ein bestimmtes Muster der Hirnaktivität herauszufinden, das zu einem bestimmten Gedanken gehört. Dieses Muster unterscheidet sich jedoch von Mensch zu Mensch. Es gibt wohl grundlegende Hirnaktivitäten, die bei allen Menschen ähnlich sind, zum Beispiel, wenn es um die Wahrnehmung von Buchstaben oder Gesichtern geht. Bei komplexeren Denkprozessen hingegen ergibt sich eine immense individuelle Variabilität. Bisher hat uns die Hirnforschung nicht so weit gebracht, wie oft behauptet wird. Mit den heutigen Methoden findet man keine eindeutigen Antworten auf die Frage, wie das Gehirn funktioniert und welche Prozesse dabei genau ablaufen. Einzelne Affekte, Emotionen oder Neigungen jedoch glauben manche Forscher im Hirnscanner durchaus zu erkennen.

Die Mandelkerne sind das Angstzentrum

In Bezug auf Angst und Panik gibt es zwei wesentliche Zentren im Gehirn, die normalerweise in enger Verbindung miteinander stehen: den große Hippocampus und die deutlich kleineren Mandelkerne. Der Hippocampus ist so etwas wie das Ordnungszentrum für unser Gedächtnis, er vermittelt eine explizite (bewusste) Erinnerung an emotionale Situationen und ist unabdingbar für die Speicherung unserer Lebensgeschichte. Die Mandelkerne vermitteln implizite (unbewusste) emotionale Erinnerungen. Sie sind das Angstzentrum, im Extremfall lassen sie Panikgefühle entstehen. Unter Panik wird unsere Wahrnehmung so eng, dass wir den Zusammenhang eines Ereignisses nicht mehr wahrnehmen. Das kann so weit gehen, dass wir uns gar nicht mehr an den Verlauf der Geschichte erinnern. Solche Erinnerungslöcher nennt man Amnesien. Die Zusammenarbeit zwischen Hippocampus und Amygdalae ist in diesem Fall gestört.

Ein emotionaler Reiz kann über den »niederen Weg«, der schnell und ungenau ist, zu den Mandelkernen gelangen oder über den »hohen Weg« der Hirnrinde. Der Kortex liefert ein genaueres Bild von der Außenwelt und hat die Aufgabe, unangemessene Reaktionen zu verhindern und angemessene zu veranlassen. Der schnelle und ungenaue Weg ist als Notschaltkreis wichtig bei akuter Gefahr, um unser Überleben zu sichern. Er setzt Überlebensstrategien in Form einer Stressreaktion in Gang, die unseren Körper auf Kampf, Flucht oder Totstellen vorbereitet (zum

Beispiel beim Anblick einer Schlange im Wald). So findet über die Amygdalae eine erste Verarbeitung statt, ob das Wahrgenommene gefährlich ist. Zeitlich verzögert erhalten die Mandelkerne Signale aus dem Großhirn, potenzielle Gefahrensituationen werden genauer analysiert. Die Schlange im Wald lehrt uns: »Ich muss aufpassen.« Über die Amygdalae wird der vorher neutrale Reiz »Wald« mit dem unangenehmen Reiz »Schlange« verbunden, was als Konditionierung bezeichnet wird.

wichtig

Menschen, bei denen beide Mandelkerne geschädigt sind, empfinden keine Angst oder Aggression mehr. Umgekehrt führt die Reizung der Amygdalae zu Gefühlen von Angst und Aggression.

Neben den Mandelkernen werden bei der Angst auch noch andere Hirnbereiche aktiviert wie der Hippocampus oder der orbitofrontale Kortex, der wichtig ist, um sein Handeln zu planen. Diese haben einen regulierenden Einfluss auf die Amygdalae. Bei eher ängstlichen Menschen findet man beidseits eine höhere Aktivierung der Mandelkerne. Bei weniger ängstlichen Menschen hat das Stirnhirn eine stärkere regulierende Funktion. Allerdings ist auch der Einfluss der Gene auf Ängstlichkeit nicht zu unterschätzen. So wird die Wirkung von Neurotransmittern im Gehirn auf die Aktivierung der Mandelkerne wesentlich durch unsere genetische Ausstattung bestimmt.

Traumatisierung

Traumatisierte Menschen bilden mehr Verästelungen in den Zellen der Amygdalae aus; ihr Furchtzentrum im Kopf wird komplexer verschaltet und überaktiviert, während die ordnende Kraft des Hippocampus abnimmt. Schwerer und anhaltender Stress führt zu Schädigungen von Nervenzellen im Hippocampus. Traumaopfer haben oft Schwierigkeiten, das Erlebte in einen Zusammenhang zu bringen, was ihnen bei der Verarbeitung helfen würde. Das führt dazu, dass Betroffene keinen bewussten Zugang mehr zu den Erlebnissen haben, die ihren Angstzustand verursachen; sie haben Angst, ohne zu wissen, warum. Die nicht bewusste emotionale Erinnerung führt immer wieder zu überflutenden Erinnerungszuständen, die als Kontrollverlust erlebt werden. Der Zugang zur expliziten Erinnerung über den Hippocampus (Erinnerung an die Emotion) fehlt. Extrem Traumatisierte (zum Beispiel Folteropfer) versuchen, der Schocksituation innerlich zu entfliehen, indem sie bestimmte Erinnerungen oder Gefühle aus ihrer Wahrnehmung abspalten. Diesen Vorgang nennt man Dissoziation. Das Gegenteil davon ist die Assoziation, was so viel wie Verknüpfung oder Verbindung bedeutet. Im Gegensatz zur Übererregung bei der Angst liegt bei der Dissoziation ein Untererregungszustand vor. Man schützt sich, indem man nicht mehr so viel mitbekommt. Bei traumatisierten Menschen wechseln sich Zustände der Übererregung oft mit Zuständen der Untererregung ab.

Nach traumatischen Erlebnissen kann sich im Gehirn eine regelrechte Furchtstruktur ausbilden, in die alle künftig erlebten Ängste eingepasst werden und sich dadurch verstärken. So lehren vor allem traumatische Ereignisse in der Kindheit das Gehirn, sich zu fürchten. Traumatisierte reagieren auf bedrohliche Reize viel heftiger als Nichttraumatisierte. Ob entsprechende Prozesse aufgelöst oder nur gehemmt werden können, ist noch Gegenstand der Forschung. Mit zunehmender Zahl und Dauer von schrecklichen Ereignissen kann man irgendwann jeden Menschen brechen, wenn entsprechende Hilfen fehlen.

Panikattacken

Menschen mit einer Panikstörung haben extreme Angst vor unvorhersehbaren Gefahren und warten ängstlich auf den Ausbruch der nächsten Panikattacke (»Angst vor der Angst«). Typischerweise werden Panikattacken ohne bewusste Wahrnehmung der auslösenden inneren oder äußeren Reize entsprechend dem ersten Notfallschaltkreis wie aus heiterem Himmel erlebt. Man findet vermehrte Aktivierungen der Amygdalae bei gleichzeitig verminderter Aktivität der hemmenden präfrontalen Areale. Forscher vermuten, dass die überhöhte Angst vor unberechenbaren Situationen die spontane Panikattacke zur chronischen Panikstörung wachsen lässt. Diese Sensibilität kann eine Folge von wiederholt spontan auftretenden Panikattacken sein, die die Symptomatik aufrechterhalten und verschlechtern können. Möglicherweise ist diese Sensibilität aber schon vor Störungsbeginn als Vulnerabilitätsfaktor vorhanden.

Nicht ganz selten kommt es nach Traumatisierungen zu einer Panikstörung. Bei erhöhtem Stressniveau läuft – bildlich gesprochen – das Fass schneller über, wenn

WISSEN

Wie lässt sich Angst messen?

Gemessen werden kann das Ausmaß der Angst mittels Startle-Reflex, der bei Menschen mit Panikstörung vergleichbar stärker ist bei der Konfrontation mit Angstreizen. Was als Angstreiz wahrgenommen wird, ist individuell und je nach Vorerfahrungen von Mensch zu Mensch verschieden. Im Experiment verwendet man Reize, auf die jeder Mensch reflexartig reagiert, allerdings mit unterschiedlicher Intensität. Die Startle-Reaktion ist die Antwort von Körper und Geist auf einen plötzlichen unerwarteten Reiz wie zum Beispiel einen Lichtblitz, ein lautes Geräusch oder eine schnelle Bewegung nahe am Gesicht. Bei Menschen schließt die Reaktion körperliche Bewegung weg vom Reiz ein, eine Anspannung der Arm- und Beinmuskeln und einen schnelleren Lidschlag. Außerdem kommt es zu Veränderungen des Blutdrucks, der Schweißsekretion und der Atmung.

noch der letzte Tropfen hinzukommt. Wer nicht ausreichend Gefühle von Sicherheit und Vertrauen entwickeln konnte, hat in den meisten Fällen auch eine erhöhte Stressbereitschaft mit entsprechend schneller und heftiger ablaufender Stressreaktion. Inzwischen belegen zahlreiche Studien, dass Traumata messbare Spuren im Gehirn hinterlassen.

Bei Ekelgefühlen ist die Insel beteiligt

Man hat herausgefunden, dass angeekelte Gesichter eine kleine Region zwischen Schläfenlappen und Stirnhirn, die sogenannte Insel, aktivieren. Die Insel steht in enger Verbindung zum Hippocampus und zu den Amygdalae und beeinflusst unser inneres Gleichgewicht (im Fachausdruck: Homöostase). Davon ist unter anderem die Darmfunktion betroffen. Eine Stimulation der Insel löst unangenehme Gefühle aus. Angenehme und unangenehme Gerüche aktivieren ähnliche Gebiete in den Amygdalae (direkter Input vom Riechnerv), jedoch unterschiedliche Gebiete in der Insel (unangenehme Gerüche weiter vorne). Die vordere Insel konnte als Schlüsselbereich für Ekel identifiziert werden. Dabei wird die vordere Insel sowohl beim Sehen angeekelter Gesichter als auch beim Erleben von Ekel aktiviert (nur unterschiedlicher Zeitverlauf). Bei der Gefühlswahrnehmung hat man auch Unterschiede zwischen Männern und Frauen herausgefunden. So reagieren Frauen stärker auf Ekel. Bei Männern hingegen findet man in den entsprechenden Gebieten eine stärkere Aktivierung auf Verachtung. Je wichtiger den Männern die soziale Dominanz ist, desto stärker reagieren diese insbesondere auf Frauengesichter mit einem Ausdruck von Verachtung.

Trauer und Depression

Trauer und Depression entwickeln sich eher langsam und halten länger an. Wenn wir traurig sind, überwiegen meist auch die unangenehmen Erinnerungen, depressive Menschen scheinen zeitweilig nur zu negativen Erinnerungen fähig zu sein. Unsere Erinnerungen sind also stimmungsabhängig, was eine traurige Stimmung auch aufrechterhalten kann. Depressive Patienten haben in der Regel eine stärkere Aktivierung der Mandelkerne als Gesunde. Die Überaktivität der Amygdalae geht einher mit einer abnehmenden Aktivierung des präfrontalen Kortex. Man hat nun die Wirkungen von antidepressiven Medikamenten bzw. von Psychotherapie auf die Depression untersucht. Dabei fand man, dass Antidepressiva ausschließlich die erhöhte Aktivität der Mandelkerne regulierten. Psychotherapie hingegen führte zu einer

Hochregulation der präfrontalen Aktivität, was wiederum in einer abnehmenden Aktivierung der Mandelkerne resultierte. Wenn die Mandelkerne Gefahr melden, hilft die Aktivität des präfrontalen Kortex zu hinterfragen, ob die Gefahr wirklich so real ist. Dies entspricht der Vorgehensweise bei der kognitiven Therapie.

wichtig

Bei psychischen Erkrankungen findet man auch strukturelle Veränderungen im Gehirn. Je länger jemand unter einer Depression leidet, desto geringer ist das Hippocampusvolumen.

Die Nervenzellen im Hippocampus sind anfällig für hohe Kortisonspiegel. Kortison ist ein Stresshormon, das bei ständiger Stressreaktion erhöht ist. Die Abnahme des Hippocampusvolumens bei Depressiven erklärt sich womöglich durch deren anhaltende Stressreaktion und den damit verbundenen Untergang von Nervenzellen. Bei der Depression besteht zudem ein erhöhtes Risiko für eine Demenzerkrankung im Alter. Diese Zusammenhänge unterstreichen die Notwendigkeit einer frühen Behandlung. Antidepressiva verändern die Wahrnehmung von Gesichtern mit negativem Ausdruck. Unter Medikation werden zum Beispiel Ärger oder Ekel weniger wahrgenommen, was einen gewissen Schutz darstellt und helfen kann, die Stimmung zu stabilisieren.

Bei depressiven Patienten kommt es zu Störungen in verschiedenen Systemen, die den inneren Zustand, die Stimmung, die Emotionen und die vegetativen Reaktionen bewerten:

- Eine Überaktivität der Amygdalae führt zur Fehlinterpretation von Signalen und vermehrten Ängsten.
- Störungen im Hippocampus beeinträchtigen das Gedächtnis und begünstigen Grübeln und Fehlinterpretationen.
- Störungen im präfrontalen Kortex können kognitive Symptome wie Konzentrationsstörungen verursachen.
- Im Hypothalamus werden unter anderem Appetit und Schlaf reguliert, bei Depressiven ist diese Regulation oft gestört.
- Das Striatum ist Teil des Belohnungssystems und für die Motorik zuständig. Bei Störungen in diesem Bereich findet man eine Unfähigkeit, sich zu freuen, sowie eine motorische Verlangsamung.

Bei Aggression spielt das Stirnhirn eine Rolle

Bei der Regulation von Ärger und Aggression kommt es ebenfalls auf das Zusammenspiel von Amygdalae und Stirnhirn an. In der kindlichen Entwicklung werden zunächst die Nervenverbindungen in den Mandelkernen aufgebaut, was das aggressive Verhalten zwischen zwei und vier Jahren erklären kann. Erst im Laufe der Pubertät entwickeln sich die Verbindungen zum Stirnhirn, das einen mäßigenden

Einfluss hat. Ein gesunder Erwachsener hat Aggressionen in der Regel besser im Griff. Als Erwachsene haben wir in unserer Kultur auch gelernt, weniger Emotionen zu zeigen. Das Ehepaar Damasio (amerikanische Emotionsforscher) untersuchte das Gehirn von Phineas Gage (1823–1860). Dieser hatte nach einem Explosionsunfall mit einer Metallstange durch den Kopf überlebt, allerdings mit schwerer Verhaltensänderung. Er war aggressiver, die Familie war ihm egal. Betroffen war der vorderste Pol des Stirnhirns.

Bei aggressiven Menschen unterscheidet man die Impulskontrollgestörten von denen mit verminderter Empathie (Einfühlungsvermögen). Menschen mit gestörter Impulskontrolle haben einen weniger gut funktionierenden Regelkreis zwischen Amygdalae und Stirnhirn, was sich in einer erhöhten Reaktivität zeigt. Menschen mit verminderter Empathiefähigkeit hingegen spüren wenig, ihre Aggressivität ist zielgerichteter, was sie gefährlicher macht.

wichtig

Es gibt auch Unterschiede zwischen gesunden Männern und Frauen. So haben Frauen frontal mehr Volumen, besonders bei aggressiven Jungen findet man ein vermindertes Stirnhirnvolumen.

Ärger und Aggression werden durch verschiedene Botenstoffe (Nervenhormone) moduliert. Dazu gehört zum Beispiel das Serotonin, was eine Rolle bei der kortikalen Verarbeitung im Stirnhirn spielt. Dopamin fördert eher aggressives Verhalten. Bei Psychosen ist die Dopaminausschüttung gesteigert, die Hemmung über das Stirnhirn ist vermindert.

Freude und das Belohnungssystem

Freude wird von allen Gefühlen am besten erkannt. Bei der Untersuchung von Freude und Erheiterung versuchen Neurophysiologen ihre Probanden im Kernspintomografen auf alle möglichen Arten zu erfreuen: Betrachten freudiger Gesichter, Glücksspiele, Essen, schöne Bilder, Worte etc. In Bezug auf aktivierte Hirnbereiche gibt es hohe Übereinstimmungen bei Freude und Trauer, allerdings unterschiedliche Subregionen, wobei sich einzelne Probanden voneinander unterscheiden.

Man versuchte herauszufinden, ob es Menschen gibt, die ihre Aufmerksamkeit mehr auf Positives bzw. Negatives richten. Dabei zeigt sich durchaus ein Einfluss der Gene auf das Verhalten. Als positiv erlebte Emotionen zeigen in vielerlei Hinsicht Vorteile: Sie verbreitern die Aufmerksamkeit und das Denken, sie reduzieren negative Erregung, sie steigern die Resilienz, das heißt die Widerstandsfähigkeit, sie bauen persönliche Ressourcen (Stärken) auf und sie lösen eine positive Spirale aus. In positiver Stimmung lernen wir besser und haben mehr Widerstandskraft!

Beim Empfinden von Freude ist das sogenannte Belohnungssystem aktiv. Es kann durch viele verschiedene Dinge aktiviert werden: durch Witze, Geld, Fotos attraktiver Menschen oder guten Essens, Verlieben, Liebe, Orgasmus, aber auch altruistische Handlungen (zum Beispiel Teilen von Gewinnen). Das Belohnungssystem entspringt dem Mittelhirn und gehört zum »limbischen System«, man spricht auch vom mesolimbischen Belohnungssystem. Der Botenstoff des mesolimbischen Systems ist Dopamin. Nervenzellen, die diesen Botenstoff produzieren, werden als dopaminerg bezeichnet.

Das Belohnungssystem ist also aktiv, wenn eine Belohnung erwartet wird. Es ist aktiver, wenn die Belohnung besser ist als erwartet. Durch das Belohnungssystem wird Lernen gefördert und das erlernte Verhalten verstärkt. Viele Suchtstoffe aktivieren das dopaminerge Belohnungssystem, wobei unterschiedliche Suchtstoffe an unterschiedlichen Orten des Belohnungssystems wirken.

Ältere Menschen erwarten in der Regel weniger, freuen sich aber mehr. Im Alter scheinen Menschen auch weniger neurotisch zu sein und psychisch stabiler. Allerdings lässt im Alter die frühe Reaktion auf Stimuli (insbesondere Freude) etwas nach, während die späte Reaktion auf Stimuli (insbesondere ängstliche Gesichter) zunimmt. Die frühe Reaktion erfolgt eher über das »limbische System«, die späte Reaktion über das Stirnhirn. Mit dem Alter lässt also die schnelle Begeisterungsfähigkeit nach, Vorerfahrungen lassen ältere Menschen zurückhaltender werden.

Welche Neurotransmitter sind beteiligt?

Unser seelisches Gleichgewicht steht in engem Zusammenhang mit der Regulierung durch Nervenbotenstoffe wie Noradrenalin, Serotonin und Dopamin. Diese Botenstoffe finden sich unter anderem im »limbischen System«, dem Emotionssystem, und beeinflussen entscheidend unsere Stimmungen.

Dopamin. Wie gerade beschrieben, wird Dopamin als Neurotransmitter des Belohnungssystems zum Beispiel beim Sex oder beim Essen ausgeschüttet und erzeugt ein wohliges Gefühl, was sich auch positiv auf die Konzentration auswirkt. Ein Zuviel an Dopamin dagegen kann zu Besessenheit, Machtrausch und Größenwahn führen oder Halluzinationen hervorrufen, wie es bei der Schizophrenie vorkommt, weshalb man medikamentös Dopamin-Antagonisten einsetzt. Diese blockieren die Dopaminrezeptoren, also die Bindungsstellen, und verhindern damit die Dopaminwirkung. Die dopaminergen Neuronen des Belohnungssystems feuern immer dann, wenn ein Ereignis eintritt, das besser ist als erwartet. Erregt werden wir durch Neues und Überraschendes, das kann positiv oder negativ sein. Auf die Dopamin-Achse wirken Nikotin, Alkohol und Kokain.

Noradrenalin. Der Neurotransmitter Noradrenalin ist beteiligt an der Erhaltung des Wachzustandes, aber auch am Träumen und der Regulierung der Stimmungslage. Als Stresshormone lösen Adrenalin und Noradrenalin eine Stressreaktion aus, die kurzfristig leistungssteigernd wirkt, längerfristig jedoch Körper und Gehirn schädigen kann.

GABA. Neben erregenden Substanzen gibt es auch Neurotransmitter, die hemmend wirken, um die Flut eintreffender Informationen zu filtern. Der wichtigste hemmende Botenstoff im Gehirn ist die Gammaaminobuttersäure, kurz GABA; etwa ein Drittel aller Synapsen sprechen auf sie an.

Opioide. Die Effekte der Opiatdrogen Heroin und Opium zielen auf das System der körpereigenen Opioide. Diese wirken positiv auf das Ich-Gefühl und die Stimmung ein und sie vermindern gleichzeitig die Schmerzempfindlichkeit. Aktiviert wird das körpereigene Opioidsystem durch zwischenmenschliche Zuwendung und das Gefühl der Unterstützung.

Oxytocin. Das Bindungshormon Oxytocin schließlich ist der »Wohlfühlbotenstoff«. Oxytocin hat zu tun mit Bindungserfahrungen und Vertrauen, es verhilft uns zu Glücks- und Genusspotenzial. Gebildet wird Oxytocin im Hypothalamus, angeregt wird die Produktion durch alle Formen freundlicher Interaktion oder menschlicher Nähe. Paradebeispiel ist die Mutter, die ihr Kind stillt. Während Dopamin ein zentraler Motivator für all unser Tun ist, uns die nötige Konzentration und Handlungsenergie gibt, dient Oxytocin unserem »sozialen Gedächtnis« und reduziert Stress und Angst durch einen regulierenden Einfluss auf das Angstzentrum der Mandelkerne. Oxytocin sorgt beim Menschen aber nicht nur für Vertrautheit, Mitgefühl und Großzügigkeit. Es kann auch Gefühle wie Neid und Schadenfreude verstärken, weil diese Gefühle ebenfalls viel mit menschlichen Bindungen und Beziehungen zu tun haben.

Dopamin, die Opioide und Oxytocin sind Bestandteile des Belohnungs- und Gesamtmotivationssystems.

Serotonin. Während Dopamin eher für den »Kick« sorgt, schafft der Botenstoff Serotonin ein Gefühl von Zufriedenheit und Gelassenheit. Zu viel Serotonin macht gleichgültig. Fehlt Serotonin, kann das depressiv machen. Moderne Antidepressiva, die sogenannten Serotonin-Wiederaufnahme-Hemmer (SSRI), sorgen für eine Wirkungsverstärkung von Serotonin. Auch Sonnenstrahlen führen zur Ausschüttung von Serotonin. Ebenso der Genuss von Schokolade oder gute Gerüche. Das Glücksgefühl dabei entsteht jedoch nicht nur auf chemischem Wege, sondern wird wesentlich bestimmt von Erwartungen und deren Erfüllung. Ganz viel Schokolade zu essen, macht bekanntlich nicht glücklich, sondern dick. Wenn Schokolade gegen Frust und Langeweile eingesetzt wird, verschafft sie kurzfristigen Genuss, verstärkt aber langfristig die ursprünglichen Gefühle. Freut man sich dagegen an einer guten Schokolade, die man ohne schlechtes Gewissen isst, kann das durchaus ein Glücksgefühl hervorrufen. Die Wirkung der »Glückshormone« Serotonin und Dopamin wird wesentlich beeinflusst durch das Zusammenspiel von Gefühl und Bewusstsein und der Wechselwirkung von »limbischem System« und präfrontalem Kortex.

Die Wirkung von Drogen

Auf der Suche nach Befriedigung haben Menschen schon seit Urzeiten Naturstoffe eingenommen, um Stimmung und Gefühle zu verändern. Häufig verwendete Drogen sind immer noch Alkohol, Koffein, Opiate und Cannabis. Die Benzodiazepine, die auch als Tranquilizer bezeichnet werden, verstärken die Wirkung von GABA. Das stark erregend wirkende Amphetamin, das auch in Ecstasy enthalten ist, begünstigt die Freisetzung von Dopamin. Andere Drogen imitieren die Wirkung körpereigener Botenstoffe, so wie LSD, das dem Serotonin verwandt ist. LSD entfaltet seine Wirkung in denselben Hirnregionen, in denen Sinneseindrücke gefiltert, verarbeitet und emotional bewertet werden, vor allem im »limbischen System«. Es setzt diese Filterfunktion weitgehend außer Kraft, sodass das Gehirn mit Informationen geradezu überschwemmt wird. Außerdem erhöht LSD die Freisetzung des Neurotransmitters Dopamin, was die Reizüberflutung noch verstärkt. LSD beeinflusst die Sinneswahrnehmung, das Denken und die Stimmung. Es verändert sich das Gefühl von Raum und Zeit und es verschwimmen die Grenzen zwischen Ich und Umgebung. Das kann als beglückend erlebt werden oder als beängstigender Kontrollverlust. Körperlich oder seelisch abhängig macht LSD nicht. Anlass für die Drogeneinnahme ist in der Regel, Belohnung herbeizuführen oder Unangenehmes zu vermeiden.

Wie wirken die Botenstoffe zusammen?

Wenn die Hormone in Aufruhr sind, haben wir eine hohe Bereitschaft für »das große Gefühl« oder die »Schmetterlinge im Bauch«. Gefühlserlebnisse werden intensiver, wenn sie mit Farben und Gerüchen verbunden sind, was im Frühling mit dem Erwachen der Natur besonders der Fall ist. Die Wärme der Sonne fördert die Hautdurchblutung, was sensibler macht für Berührungen und Gefühle der Geborgenheit. Nicht umsonst verwendet die Parfümindustrie Blütenessenzen, die ohne Umwege die Gefühlszentren des Gehirns erregen. Unter solchen Bedingungen steigen Erwartung und Offenheit. Kommen dann noch Erfolgserlebnisse hinzu, kreist reichlich Dopamin im Blut, das Hormon, das eine wichtige Rolle bei allen euphorischen und lustvollen Gefühlen spielt. Es sorgt für Antrieb, Neugier und hohe Erwartungen. Tritt unter dem aufputschenden Hormoncocktail von Dopamin und Stresshormonen ein attraktiver Partner auf den Plan, halten wir ihn für den Auslöser der Verwirrung.

Die Stresshormone können dann durchaus ein flaues Gefühl im Magen hervorrufen. Denn der erste erregende Moment mit einem Unbekannten ist eine Mischung aus Verlangen und Neugier einerseits, Angst und Unsicherheit andererseits. Ganz ausgeliefert sind wir der Chemie allerdings nicht. Erfahrung und Verstand können als Filter wirken.

Nicht zu unterschätzen sind Erinnerungen, Erwartungen und Ängste sowie die Fantasie. Alle zusammen beeinflussen die Aktivitäten von Körper und Gehirn. Wenn der erste Rausch vorbei ist, kommt das Oxytocin ins Spiel. Dieses Hormon ist der »emotionale Alleskleber« und verantwortlich für Wohlgefühl und Sehnsucht nach Nähe. Oxytocin wird in größeren Mengen vor allem beim Stillen und nach dem Orgasmus ausgeschüttet. Es bindet Eltern und Kinder sowie liebende Paare.

Schmerz und Angst können durch die körpereigenen Glückshormone, die Endorphine, gelindert werden. Allerdings sollte man sich nicht nur auf die Hormone verlassen. Wenn sich ein Paar mit liebevollem Respekt und Achtsamkeit begegnet, sich Raum für individuelle Entfaltung gibt und gleichzeitig Sinn für Zweisamkeit hat, können Intimität und Sicherheit wachsen, ohne dass das Feuer weicht.

Rechte und linke Hirnhälfte

Zur rechten und linken Hirnhälfte liegen widersprüchliche Ergebnisse vor. Die Emotionen werden eher der rechten Hirnhälfte zugeordnet, außerdem nichtsprachliche Fähigkeiten, die räumliche Vorstellung und das Erkennen von Gesichtern. Auch Körpererleben, die Intuition und die persönliche Lebensgeschichte sind eher mit der rechten Hemisphäre verknüpft. Wesentliche Entscheidungen des Menschen werden durch Erfahrungen, die im impliziten Gedächtnis gespeichert sind, beeinflusst.

Die linke Hirnhälfte ist vor allem für die Sprache, sprachliche Fähigkeiten und für logische Aufgaben zuständig. Hier findet sich das explizite Faktenwissen. Wenn wir Musik hören, werden in der linken Hirnhälfte eher die Rhythmen verarbeitet, in der rechten Hirnhälfte dagegen Klangfarben und Tonhöhen. Hört man Musik, die gefällt, sind Bereiche der linken Seite stärker aktiviert. Bei unangenehmer Musik kommt es verstärkt zur Aktivierung rechtsseitiger Gebiete. Bei Profimusikern ist der Balken, der die beiden Hirnhälften miteinander verbindet – Corpus callosum genannt –, dicker. Die linke und die rechte Hirnhälfte sind besser miteinander verbunden. Möglicherweise steigert das Lernen eines Instrumentes also die Fähigkeit zum ganzheitlichen Denken.

Musik vergesse man nie, betont der Neurologe und Schriftsteller Oliver Sacks. Musikalische Spuren behüte das Gehirn auf der Ebene der Gefühle. Die linke Hirnhälfte, zuständig für Abstraktion und Sprache, entwickele sich später und sei, so vermutet Sacks, leichter verletzlich als die rechte, wahrnehmende. Bei einer Schädigung links könne sich die rechte Seite überproportional differenzieren – und beispielsweise Noten in schier grenzenloser Fülle abspeichern.

Gefühle und der Verstand

»Du bist immer dort, wo deine Gedanken sind. Achte darauf, dass deine Gedanken dort sind, wo du sie haben möchtest.« (Rabbi Nachman von Breslow)

Von Marc Aurel stammt der Satz: »Auf die Dauer der Zeit nimmt die Seele die Farbe der Gedanken an.«

Die Bedeutung unrealistischer Überzeugungen

Auch hier eine Vorbemerkung: Eine Reduktion der Gefühle auf eine Folge von bestimmten Denkmustern und persönlichen Einstellungen würde dem Menschsein nicht gerecht werden. Unser Verstand bildet allenfalls einen Bruchteil unserer Gefühlswelt ab, die meisten Zusammenhänge sind uns gar nicht bewusst.

In der kognitiven Verhaltenstherapie werden Gefühlsreaktionen hauptsächlich als Folge von Denkprozessen betrachtet. Bewertungen stehen insbesondere bei der rational-emotiven Therapie von Ellis im Vordergrund. Als negativ bewertete emotionale Reaktionen werden zu folgenden Klassen zusammengefasst: Abneigung und Ekel, Wut und Ärger, Traurigkeit und Depression, Scham und Schuld, Neid und Eifersucht, Angst und Panik. Die rational-emotive Therapie geht davon aus, dass emotionale Störungen und damit einhergehende Verhaltensweisen in erster Linie durch sogenannte irrationale, also unrealistische, Überzeugungen bedingt sind.

Hier einige Beispiele aus der Liste der elf irrationalen Ideen nach Ellis:
- Die Meinung, man müsse von allen Menschen in seinem Umfeld gemocht werden.
- Die Meinung, dass man sich nur dann als wertvoll empfinden dürfe, wenn man in jeder Hinsicht kompetent, tüchtig und leistungsfähig ist.
- Die Vorstellung, dass es schrecklich und katastrophal ist, wenn die Dinge nicht so sind, wie man sie gerne haben möchte.
- Die Vorstellung, dass menschliches Leiden äußere Ursachen habe und dass der Mensch wenig Einfluss auf seinen Kummer und seine seelischen Probleme nehmen könne.

Später hat Ellis die irrationalen Überzeugungen auf vier Grundformen reduziert:

- Muss-Forderungen: Der Gedanke, jemand oder etwas Bestimmtes sollte oder müsste anders sein, als es gegenwärtig der Fall ist.

ANWENDUNG

Wie realistisch und hilfreich sind meine Überzeugungen?

- Machen Sie Ihren Selbstwert an Ihrer Leistung fest und glauben Sie, dass Sie nur etwas wert sind, wenn Sie viel schaffen?
- Fühlen Sie sich passiv Ihrem Schicksal ausgeliefert oder nehmen Sie eher eine aktive Rolle ein nach dem Motto: »Ich kann etwas bewirken.«?
- Reagieren Sie vorwiegend auf die Erwartungen anderer oder handeln Sie entsprechend Ihrer Ziele?
- Wie gehen Sie mit Enttäuschungen um? Erleben Sie sich schnell als Versager?
- Versuchen Sie, verzerrte Haltungen zu identifizieren und hilfreichere zu finden. Zum Beispiel:
- Kein Mensch ist perfekt. Ich darf aus meinen Fehlern lernen.
- Meine Menschenwürde ist unantastbar. Mein Wert ist unabhängig von meiner Leistung.
- Ich muss nicht jedem gerecht werden. Es darf mir gut gehen, selbst wenn es viel Leid auf der Welt gibt.
- Ich muss nicht alles alleine schaffen. Es ist eine Stärke, sich Hilfe holen zu können.

- **Katastrophisieren:** Die Meinung, es sei schrecklich oder eine Katastrophe, dass es nicht anders ist, als es ist.

- **Geringe Frustrationstoleranz:** Der Gedanke, die Person oder die Sache, die nicht so sein sollte, wie sie ist, sei nicht zu ertragen, auszuhalten oder zu dulden.

- **Persönlicher Wertverlust:** Der Gedanke, dass man selbst oder andere entsetzliche Fehler gemacht haben, die in jedem Fall zu verurteilen sind.

Bei all diesen Überzeugungen besteht eine Verknüpfung von absoluten Wünschen und Bedürfnissen mit absoluten Bewertungen, was in der Regel aber nicht realistisch oder hilfreich ist. Verzerrte Haltungen tragen wesentlich zu leidverursachenden Gefühlen bei.

Woher bestimmte Denkschemata kommen

Dysfunktional ist das Gegenteil von funktional und bezeichnet etwas Blockierendes, Störendes. Als Schema wird eine Bündelung von Annahmen über sich selbst, über Beziehungen oder über die Realität bezeichnet. Ein funktionales Schema ermöglicht Menschen ein gutes Funktionieren in ihrer jeweiligen Umwelt. Dysfunktionale Schemata führen zu hohen »Kosten« und bedingen, dass Menschen Situationen ungünstig interpretieren, ungünstig denken, unangenehme Affekte erleben und unangemessen handeln. Hintergrund sind meist bestimmte Beziehungserfahrungen, oft mit früheren Bezugspersonen wie den Eltern. Wenn man zum Beispiel als Kind wiederholt erlebt hat, dass man keinen Platz hat, unerwünscht ist, kann sich dieses Erleben auch auf aktuelle Situationen mit ganz anderen Menschen übertragen. Man fühlt sich wieder wie in der früheren Situation und reagiert entsprechend verletzt. So kann es passieren, dass man in einer Gruppensituation keinen freien Stuhl mehr findet und daraus den Schluss zieht: »Hier ist wieder kein Platz für mich. Ich bin unerwünscht und ziehe mich deshalb zurück.« Jemand ohne dieses Problem würde vielleicht denken: »Wenn ein Stuhl fehlt, werde ich mir einen holen.«

Was sind Schemata?

In der rational-emotiven Therapie von Ellis wird so ein Zurückfallen in ein früheres Erleben und Verhalten ein Schema genannt. Aus dieser Theorie hat sich die sogenannte Schema-Therapie entwickelt, die in frühen Erfahrungen des Kindes erworbene Erinnerungen, Gefühle, Körperempfindungen und Einstellungsmuster zum Gegenstand der therapeutischen Behandlung macht. Dies hat schon C. G. Jung beschrieben. Er sprach von Komplexen. Einen Komplex oder ein Schema kann man als eine abgrenzbare Erlebenseinheit verstehen, die im Wesentlichen in der Kindheit oder Jugend geprägt wurde. Zu einem Schema gehören bestimmte Gedanken (Kognitionen), Gefühle und Körperempfindungen. Neurobiologisch werden bestimmte synchronisierte Nervennetzwerke aktiv. Je häufiger diese aktiviert werden, desto automatisierter laufen entsprechende Reaktionen ab. So ein Schema besteht aus bewussten und vor allem unbewussten Reaktionsmustern, die womöglich bereits der Säugling auf Frustrationen zeigte.

Wie kann man einen Zugang zu den meist unbewussten Fantasien und Gefühlen bekommen, die oft zu pathologischen Beziehungsmustern führen? Man müsste die lebenslange Wiederholung der ursprünglich verletzenden Kindheitserfahrungen erkennen, um dem Geschehen einen anderen Ausgang zu geben. Es müsste also gelingen, das Erleben des Kindes in der früheren Situation vom Erleben des Erwachsenen in der Gegenwart (im Hier und Jetzt) zu trennen. Erst dann wäre eine Entwicklung möglich, insbesondere wenn in den Komplexen oder Schemata Wachstumschancen entdeckt werden können.

Innere-Kind-Arbeit

Wie kann man dem verletzten »inneren Kind« von damals helfen, in der Gegenwart anzukommen? Die im Säuglings- und Kleinkindalter gemachten Erfahrungen werden im Wesentlichen als Gefühlserinnerungen in den Mandelkernen abgespeichert (emotionales oder implizites Gedächtnis). Die räumlich-zeitliche Verortung im autobiografischen Gedächtnis ist erst nach dem 18. Lebensmonat möglich. Erst dann sind die Funktionen des Hippocampus so weit entwickelt, dass das Erleben in einen Zusammenhang gebracht werden kann. Eine bewusste Erinnerung wiederum ist erst mit der Sprachentwicklung möglich, da Gedanken ohne Sprache nicht gedacht werden können. Im expliziten Gedächtnis abgespeicherte Inhalte können mit Worten ausgedrückt werden und sind damit dem Bewusstsein zugänglich.

wichtig

Ausgeprägte traumatische Erfahrungen in der Kindheit führen nachweislich zu einer Schädigung des Hippocampus, was erklärt, dass Traumaerlebnisse besonders gut im impliziten Gedächtnis und besonders schlecht im expliziten Gedächtnis abgespeichert werden.

So werden Gefühle und Körperreaktionen erinnert und wiedererlebt, der Gesamtzusammenhang und die Einordnung in die Biografie über den Hippocampus fehlen weitgehend. Um das Erleben in der Gegenwart vom früheren Erleben abgrenzen zu können, ist es notwendig, diesen fehlenden Zusammenhang herzustellen. Neurobiologisch gesprochen geht es um mehr Frontalhirnsteuerung und um weniger limbische Instinktreaktionen auf mögliche Bedrohungen. Bei einer gelungenen Verarbeitung lernt das Gehirn, frühere Erfahrungen der Vergangenheit zuzuordnen und vom Hier und Jetzt zu unterscheiden. Für diesen Prozess der Mentalisierung oder Bewusstmachung bedarf es der sozialen Unterstützung, die früher gefehlt hat. Wenn man im Hier und Jetzt Sicherheit und Vertrauen erlebt, kann man es wagen, sich noch einmal in das Erleben des verletzten »inneren Kindes« von damals hineinzuversetzen, sein Leid zu würdigen und ihm in der Vorstellung Mitgefühl und Trost zu geben. Die Erfahrung von Bindung und Sicherheit

ANWENDUNG

Wie kann ich mich und mein »inneres Kind« unterstützen?

Als Übung können Sie sich mit folgenden Fragen beschäftigen:

- Welche innere und äußere Haltung stärkt mich?
- Wie wirken sich meine inneren Einstellungen auf meinen Körper und meine Kraft aus?
- Wie kann ich mich entspannen und meine Wahrnehmung erweitern?
- Wie möchte ich mich jetzt und in Zukunft überzeugender und authentischer verhalten?
- Wie könnte ich meine verletzten Teile versorgen?
- Welches Potenzial verbirgt sich im Problem?

An dieser Stelle verweisen wir auf unser Buch »Trauma. Folgen erkennen, überwinden und an ihnen wachsen«, siehe Service-Teil.

spielt dabei eine entscheidende Rolle, das Bindungshormon Oxytocin wirkt auf die Amygdalae angstreduzierend. So kann das Geschehene in einen neuen Zusammenhang gebracht werden: »Ich habe überlebt. Es ist vorbei. Ich bin nicht allein. Der andere hält mich und hält mich und mein Leid aus; ich kann meinen kindlichen Teil in mir halten.« Gelingt der Prozess, entsteht ein explizites Traumagedächtnis über die Stärkung des präfrontalen Kortex, zuvor unbewusste Gefühlsreaktionen über die Mandelkerne werden geschwächt. Durch diese sogenannte Innere-Kind-Arbeit kann das verletzte »innere Kind« sich sicher fühlen und in der Gegenwart ankommen. Diese Entwicklung ist oft verbunden mit Gefühlen von Trauer oder auch Wut über das Geschehene. Entsprechende Gefühle sind wesentlich leichter auszuhalten, wenn man sich nicht mehr ausgeliefert und alleine fühlen muss.

Wie man zu hilfreicheren Haltungen gelangt

Um irrationale Überzeugungen zu erkennen, hat Ellis das ABC-Modell entwickelt. Dieses Modell eignet sich gut zur Selbsthilfe:

- A bezeichnet das aktivierende äußere oder auch innere Ereignis.
- B bezeichnet die »rationalen« oder »irrationalen« Überzeugungen.
- C bezeichnet die aus den Überzeugungen resultierenden emotionalen und verhaltensmäßigen Reaktionen.

Beispiel für das ABC-Modell: »Die Geschichte mit dem Hammer« von Paul Watzlawick aus »Anleitung zum Unglücklichsein«:

- A beschreibt die Situation: Ein Mann möchte ein Bild aufhängen, hat einen Nagel, aber keinen Hammer.
- B beschreibt die innere Überzeugung: Wenn ich den Nachbarn um einen Hammer bitte, werde ich ihn sicher nicht bekommen.
- C beschreibt das daraus resultierende Verhalten: Der Mann klopft an die Tür des Nachbarn und schreit ihm wütend entgegen: »Behalten Sie Ihren Hammer, Sie Rüpel!«

Falls man die Gefühle und das Verhalten als unangemessen betrachtet, kann man sich fragen, was man verändern möchte: Die belastende äußere Situation oder die emotionale Reaktion auf diese Situation. Dabei sind alle Lösungsmöglichkeiten auf ihre Realisierbarkeit zu prüfen. Erscheint eine Veränderung der Situation unwahrscheinlich, kann man vielleicht die emotionale Reaktion darauf verändern. Dafür braucht es wiederum hilfreiche und realistische Überzeugungen, dass man es schaffen kann.

Nach dem ABC-Schema kann man lernen, problematische Situationen, begleitende Gedanken und unangemessene Gefühle und Verhaltensweisen zu unterscheiden.

Am Anfang stehen dabei die Selbstbeobachtung und die Analyse der Situation nach dem ABC-Schema: Was ist die Situation? Wie denke ich darüber? Wie fühle und wie verhalte ich mich? Ist das angemessen und tut mir das gut? Was wäre hilfreicher? Wo kann ich etwas verändern?

Gleichzeitig kann man sich fragen, welche kurzfristigen und welche langfristigen Konsequenzen das eigene Verhalten mit sich bringt. Wenn wir aus unseren Erfahrungen nicht lernen, wählen wir eher die kurzfristig positiven Konsequenzen, selbst wenn uns unser Verhalten langfristig schadet. Dazu ein Beispiel: Wenn man sich ärgert, kann es kurzfristig entlastend sein, diesen Ärger auszudrücken, indem man sich richtig abreagiert und damit womöglich auch die körperliche Anspannung reduziert. Tun wir das oft und intensiv, wird dieser Ärger immer besser gelernt, im Gehirn werden entsprechende »Ärgernetzwerke« größer, das Verhalten wird stereotyper und damit auch enger. Weiter und flexibler werden hieße, sich nicht mehr über alles ärgern zu müssen, indem man entweder an der Situation etwas ändert oder an der Bewertung derselben. Ein weiteres Beispiel: Wenn man Stress hat und sich etwas Gutes tun will, ist es kurzfristig leichter, eine Tafel Schokolade zu essen oder sich mit Alkohol zu beruhigen. Langfristig könnte man – wenn man das oft tut – zu dick werden oder eine Abhängigkeit entwickeln, was zusätzlichen Stress bedeuten würde. Lernt man dagegen, kurzfristig Spannungen auszuhalten und sich zu überlegen, was einem auch langfristig helfen würde, könnte man die Erfahrung machen, dass körperliche Bewegung guttut oder das Besprechen eines Problems mit einer Vertrauensperson. Persönliche Entwicklung bedeutet, ein größeres Spektrum an Erfahrungen und verschiedenen Verhaltensweisen nutzen zu können. Das ist zunächst mühsam und erfordert eine bewusste Entscheidung für Veränderung und Frustrationstoleranz! Wie beim Ausdauertraining wird es mit regelmäßiger Übung leichter und die Motivation wird größer, wenn man aus wiederholten Erfahrungen lernt, dass es einem hinterher besser geht.

ANWENDUNG

Ungünstige Verhaltensweisen ändern

- Kennen Sie bei sich Verhaltensweisen, auf die Sie zurückgreifen, weil es Ihnen damit kurzfristig besser geht, worunter Sie allerdings langfristig leiden?
- Was würde Ihnen helfen, die Situation erträglicher zu machen, sich etwas Gutes zu tun, ohne sich zu schaden?
- Was hätten Sie langfristig davon? Welche Werte und Ziele sind Ihnen wichtig?

Körper und Gefühle

Gefühle und Körper sind nicht voneinander zu trennen. Das merken Sie bereits an der Atmung. Im entspannten Zustand atmen wir tief und langsam, im erregten Zustand flacher und schneller. Selbst wenn Gefühle abgespalten werden und sich ein Gefühl der Gefühllosigkeit einstellt, wird sich das auf das Körpererleben auswirken.

Die Abspaltung von Körpererleben und Gefühlen nennt man Depersonalisation. Man hat das Gefühl, neben sich zu stehen, sich selbst von außen zu beobachten, kommt sich im eigenen Körper fremd vor oder erlebt Teile seines Körpers als nicht zu sich gehörig. Man schaut in den Spiegel, weiß vom Kopf her, dass es das eigene Spiegelbild sein muss, dennoch erlebt man sich selbst als fremd. Wenn wir unter starker Anspannung stehen, haben wir ähnliche Wahrnehmungen wohl alle schon einmal erlebt. In der Regel sind diese vorübergehender Natur. Menschen mit frühen und langjährigen Traumatisierungen haben nicht selten fast durchgehend dieses Depersonalisationserleben. Körper und Gefühl sind abgespalten. Das kann so weit gehen, dass man sich selbst gar nicht mehr wahrnimmt oder den Körper nur noch bei starken Schmerzen spürt. Wer den Körper als nicht zu sich gehörig erlebt, kann oft auch schlecht für ihn sorgen. In extremen Fällen besteht ein regelrechter Ekel vor sich selbst, die Berührung des eigenen Körpers wird so weit wie möglich vermieden. Diese Ablehnung des eigenen Körpers bis hin zum Selbsthass kann Folge sexualisierter und anderer Gewalt sein. Wenn Menschen unter starken Gefühlen von Wert- oder Hilflosigkeit leiden, kann die Depersonalisation als Schutz gegen die Furcht vor Zurückweisung und Beschämung dienen. Auch das Gefühl der Scham kann Ausdruck einer Selbstwertstörung sein und entscheidend für die Depersonalisation.

wichtig

Hilfreich kann ein bewusstes Sich-Distanzieren sein: Sie können sich vorstellen, Sie würden aus einer Beobachterperspektive, z. B. aus einem Flugzeug, auf sich und die Situation schauen.

Bei Angststörungen und der Depression nimmt mit zunehmender Schwere oft auch das Ausmaß an Fremdheitsgefühlen dem eigenen Körper und der eigenen Person gegenüber zu. Es ist wie eine innere Flucht vor dem vollen Erleben, weil man sonst von den Gefühlen überflutet zu werden droht. Wenn Gefühle von Angst, Ohnmacht, Hilflosigkeit oder Trauer zu übermächtig werden, setzt – gewissermaßen als Überlebensstrategie – diese Art von Totstellreflex ein. Wenn sich auf der anderen Seite Gefühle von Sicherheit und Vertrauen entwickeln, können die Wahrnehmung für den Körper und Gefühle wieder zugelassen werden.

In der Kognitionswissenschaft hat es inzwischen eine radikale Wende gegeben, der Körper wurde entdeckt als Verkörperung unserer Intelligenz. Die Sozialpsychologie und die klinische Psychologie verwenden den Begriff »Embodiment« (Verkörperung oder »Inkarnation«), um die Wechselwirkung zwischen Körper und Psyche zu betonen. Es ist nicht nur so, dass sich seelische Zustände im Körper ausdrücken, es zeigen sich auch Wirkungen in umgekehrter Richtung. Körperzustände oder bestimmte Körperhaltungen bestimmen auch unseren seelischen Zustand mit. Versuchen Sie mal ein leichtes Lächeln und beobachten Sie, wie sich das auf Sie auswirkt.

Wie sich belastende Gefühle körperlich auswirken

Wenn man den Zusammenhang zwischen Körper und Gefühl betrachtet, lohnt sich zunächst ein Blick auf das Gesundheitsbewusstsein. Obwohl die Industrienationen über gut ausgebaute Gesundheitssysteme verfügen und die Lebenserwartung wesentlich höher als in den sogenannten Dritte-Welt-Ländern ist, gibt es auch in den vergleichsweise reichen Ländern nur wenige vollkommen gesunde Individuen, wenn man die Definition der Weltgesundheitsorganisation zugrunde legt: »Gesundheit ist ein Zustand vollkommenen körperlichen, geistigen und sozialen Wohlbefindens und nicht die bloße Abwesenheit von Krankheit oder Gebrechen.« Noch seltener als Gesunde sind in den Industrienationen glückliche und zufriedene Menschen anzutreffen. In einer Untersuchung der New Economics Foundation von 2006 sahen sich die Bewohner des Südseeinselstaates Vanuatu als die glücklichsten und zufriedensten Menschen der Welt. Die ersten 40 Plätze wurden von Ländern der Dritten Welt belegt, Deutschland rangierte auf Platz 81. Materieller Wohlstand und gut ausgebaute Gesundheitssysteme sind keine Garantie für Glück und Lebenszufriedenheit. Entscheidenden Einfluss auf Zufriedenheit, Glück und Gesundheit nimmt, wie wir mit uns und unseren Mitmenschen umgehen.

Gefühle gehen in der Regel mit körperlichen Reaktionen einher. Wenn jemand unter sehr intensiven und/oder langdauernden belastenden Gefühlen leidet, können diese zu körperlichen Fehlfunktionen führen, möglicherweise auch zu Gewebsschädigungen. Schlägt zum Beispiel Ärger auf den Magen, kann es zunächst zu Verdauungsbeschwerden kommen, im Weiteren zu Magenschleimhautentzündungen bis hin zum Magengeschwür. Leidet jemand häufig unter Magenschmerzen, kann dies wiederum Ängste auslösen, zum Beispiel vor einer Krebserkrankung oder im Falle von Herzschmerzen vor einem Herzinfarkt. Damit kann ein Teufelskreis von emotionalen Belastungen und körperlichen Fehlfunktionen entstehen.

Erklärungsmodell

Als Erklärungsmodell zur Entstehung belastender Emotionen und damit psychosomatischer Erkrankungen halten wir die kognitive Emotionstheorie von Lazarus und Mitarbeitern, die ursprünglich als Stresstheorie entwickelt wurde, für nützlich. Demnach bestehen Emotionen aus drei Elementen:

- Ein erstes Element ist die kognitive Bewertung einer Situation. Man bewertet sich in seiner Beziehung zur Umwelt: Inwieweit wird mein persönliches Wohlbefinden durch ein Ereignis tangiert? Ist es für mich wichtig/unwichtig? Ist es für mich eher positiv oder negativ? Stellt es für mich eine Bedrohung oder Herausforderung dar? Kann ich die Situation mit den mir zur Verfügung stehenden Möglichkeiten bewältigen?
- Ein zweites Element ist der Verhaltensimpuls. Ich kann auf die Situation zum Beispiel mit Angriff, Verteidigung oder Flucht reagieren.
- Ein drittes Element stellen die körperliche Aktivierung und die subjektive Erregung dar, Menschen reagieren unterschiedlich schnell und intensiv.

Wie ich eine Situation bewerte, beeinflusst maßgeblich die anderen Elemente. Wenn ich etwas als unwichtig bewerte, wird das in der Regel zu keiner emotionalen Reaktion führen. Die Bewertung »günstig« wird eher zu angenehmen, die Einschätzung »stressend« zu belastenden Gefühlen veranlassen. Durch die Einschätzung der Bewältigungsmöglichkeiten kann die primäre Bewertung verstärkt oder abgeschwächt werden.

ANWENDUNG

Welche Warnsignale gibt mir mein Körper?

Kennen Sie bei sich körperliche »Schwachstellen«? Bekommen Sie beispielsweise unter Belastung vermehrt Magenbeschwerden, Kopf- oder Rückenschmerzen? Reagieren Sie eher mit Hautekzemen und Juckreiz? Oder sind Sie infektanfälliger, haben immer wieder Probleme mit den Atemwegen, den Nasennebenhöhlen oder den Harnwegen? Bricht unter Stress der Lippenherpes wieder aus?

- Was hilft Ihnen, wenn Ihr Körper in dieser Weise reagiert?
- Können Sie bereits vorbeugend etwas tun, damit nicht erst der Körper Warnsignale geben muss?
- Überprüfen Sie belastende Situationen und deren Bewertung.
- Welche Bewältigungsmöglichkeiten stehen Ihnen zur Verfügung?
- Brauchen Sie Unterstützung?
- Was möchten Sie verändern?

Die Stressreaktion

Der Begriff »Stress« wurde durch den Biochemiker Hans Selye (1907–1982) geprägt. Er setzte Versuchstiere unter Stress und beobachtete die entsprechenden Auswirkungen. Zur Bezeichnung wählte er das englische Wort für Belastung oder Druck: stress. Die Stressreaktion ist ein Erbe aus grauer Vorzeit und dient in erster Linie unserem Überleben. Angestoßen wird eine Stressreaktion des Körpers durch ein Eiweiß namens Corticotropin Releasing Hormone (CRH). Im Körper werden die Stresshormone Adrenalin und Kortisol freigesetzt: Der Blutzucker steigt, wodurch die Muskeln und das Gehirn noch besser mit Energie versorgt werden. Das Herz schlägt schneller, der Blutdruck steigt, man atmet schneller, damit der Körper mehr Sauerstoff umsetzen kann. Man schwitzt zum Schutz vor Überhitzung, die Hormone sorgen dafür, dass man Schmerzen weniger wahrnimmt und die Sinne hellwach sind. Unterdrückt werden Funktionen, die in der lebensbedrohlichen Situation nicht weiterhelfen: Sexualtrieb, Verdauung und Immunsystem.

Zum Problem wird die Stressreaktion, wenn sie ständig ausgelöst wird, auch wenn es gar nicht wirklich um Leben oder Tod geht: Wenn sich der Körper in ständiger Alarmbereitschaft befindet durch Streit in der Familie, Arbeitslosigkeit, Geldsorgen, Versagensängste etc. Auch wenn wir ständig erreichbar sind, schadet das dem Befinden. In einer Untersuchung von Arbeitnehmern stellte man fest, dass diejenigen, die ihr Handy auch zu Hause angeschaltet hatten, nervöser, überforderter und trauriger wurden.

Positiver Stress. Allerdings muss man zwischen positivem und negativem Stress unterscheiden. Positiver Stress (Eustress) spornt an und führt weder zu Über- noch zu Unterforderung. Ein angenehmes Erregungsniveau beinhaltet eine gute Balance von Entspannung und Anforderung, man hat das Gefühl, gefordert, aber nicht überfordert zu sein. Wichtig ist ein Gefühl für die eigenen Belastungsgrenzen; wenn man erschöpft ist, hat man oft keine »Erholungskompetenz« mehr. Man braucht nämlich noch Reserven, um die Kraftquellen entsprechend nutzen zu können und wieder aufzutanken.

Wenig Kontrolle. Entscheidend ist außerdem, wie viel oder wie wenig Kontrolle ein Mensch über sein Leben behält. Am stärksten bedroht ist, wer hohe Anforderungen bewältigen soll, ohne Einfluss nehmen zu können. Noch schlimmer wird der Stress, wenn man für erbrachte Leistungen nicht die entsprechende Anerkennung bekommt, also das Prinzip der Gegenseitigkeit nicht beachtet wird. Wer ohne Aufstiegschancen hart arbeitet und womöglich noch um seinen Arbeitsplatz fürchten muss, braucht besondere Unterstützung. Familie und Freunde können den Dauerstress mindern, sofern sie vorhanden sind. Wenn man keine soziale Unterstützung hat, und wenn es auch sonst an

Bewältigungsmöglichkeiten fehlt, können sich Gefühle von Ohnmacht und Hilflosigkeit entwickeln.

Chronischer Stress

Sind die biochemischen Regelkreise ständig alarmiert, kann das zu den typischen Zivilisationskrankheiten führen. Eine Verschlechterung des Immunsystems sieht man unter anderem, wenn bei Stress immer wieder ein Lippenherpes ausbricht. Nicht nur dauerhafte Belastungen, sondern auch plötzlicher emotionaler Stress können zum Beispiel das Herz-Kreislauf-System überfordern. So stieg während der Fußballweltmeisterschaft bei den Spielen der deutschen Mannschaft die Zahl der Herzattacken an.

Körpergewicht. Stress hat außerdem einen entscheidenden Einfluss auf das Körpergewicht. Eine Stressreaktion bereitet den Körper auf Kampf oder Flucht vor und mobilisiert dafür Energie. Das Gehirn verlangt nach immer mehr Nahrung, auch wenn der Körper diese gar nicht mehr in Form von Bewegung verbrennt. Versucht man unter Stress eine Diät einzuhalten, bedeutet das eine zusätzliche Belastung und es kommt nicht selten zu Heißhungerattacken.

Hippocampus. Chronischer Stress kann sogar die Struktur des Nervensystems verändern. Betroffen sind unter anderem Bereiche für das Verarbeiten von Ängsten. Der Hippocampus, die Region, die besonders wichtig für Lernen und Gedächtnis ist, scheint am meisten betroffen zu sein. So kann sich unter anhaltendem Stress das Hippocampusvolumen verringern. Im Kindesalter kann anhaltender Stress, zum Beispiel durch mangelnde frühkindliche Versorgung, dazu führen, dass der Hippocampus kleiner bleibt, während emotionale Erinnerungen über die Mandelkerne intensiver anspringen. Solche Störungen in der Stressregulation können im Extremfall zu lebenslangen Beeinträchtigungen auch in Bezug auf die psychische Entwicklung führen. Aufgrund der gestörten Verarbeitung über den Hippocampus wird das Herstellen von bewussten Zusammenhängen erschwert.

Wie kann man gegensteuern?

Die gute Nachricht: Durch die Anpassungs- und Regenerationsfähigkeit des Nervensystems, die sogenannte Neuroplastizität, ist eine gewisse Erholung möglich. Was unterstützt diese Wandelbarkeit des Gehirns? Besonders durch körperliche Bewegung können im Hippocampus neue funktionstüchtige Nervenzellen heranreifen. Wer sich etwa viermal pro Woche jeweils mindestens 30 Minuten bewegt und dabei durchaus ins Schwitzen kommt, kann seine angegriffenen Gehirnfunktionen nachhaltig verbessern, ganz zu schweigen von den positiven Auswirkungen auf den Körper und das Gewicht. Man hat herausgefunden, dass regelmäßige körperliche Aktivität gegen Depression mindestens so gut hilft wie herkömmliche Antidepressiva. Aber auch die »geistige Gymnastik« hilft: Meditation, ein erfüllendes Hobby, Freundschaften.

Der Medizinnobelpreisträger Eric Kandel führte mit Mäusen eine Art Verhaltenstherapie durch. Den Mäusen wurde beigebracht, einen bestimmten Ton mit dem Gefühl von Sicherheit in Verbindung zu bringen. Hörten die Mäuse in einer angstbesetzten Situation diesen Ton, legte sich deren Angst. Andere Wissenschaftler untersuchten buddhistische Mönche und den Einfluss von Meditation auf die Hirnstruktur. Bei Mönchen mit langer Meditationserfahrung fand man Hirnwellen, die mit geistigen Höchstleistungen im Zusammenhang stehen. Die Hirnrinde (Kortex) der »Meditierer« war bei Messungen im Kernspintomogramm auffällig dicker als bei den »Nichtmeditierern«.

Was ist das Fazit? Falls wir die äußeren Bedingungen wenig oder nicht beeinflussen können, so können wir doch einen Ausgleich schaffen durch unsere anderen Lebensbereiche, damit der Stress nicht zu anhaltenden Schäden führt.

Was schützt vor negativem Stress?

Besonders die Resilienzforschung und die salutogenetischen Konzepte von Antonovsky beschäftigen sich mit den Schutzfaktoren gegenüber Stress. Solange eine Person unter Stress noch das Gefühl hat, etwas erreichen und bewirken zu können und die Situation zu meistern (Selbstwirksamkeitsüberzeugung), besteht die berechtigte Hoffnung auf eine positive Bewältigung. Die eigenen Überzeugungen kann man unter folgenden Blickwinkeln betrachten:

- »Ich kann ein Ereignis direkt durch mein Verhalten beeinflussen.« (change it)
- »Ich kann die Situation anders definieren.« (love it)
- »Ich kann selbst zwischen Alternativen wählen. Es gibt verschiedene Wege.« (leave it)
- In Kurzform: »Change it, love it or leave it.« (Verändere es, nimm' es an oder lass' es los.)

Solange in einer Situation noch Sinn gesehen wird oder der Situation ein Sinn gegeben werden kann, ist der Mensch in der Lage, auch außerordentliches Leid zu ertragen. Wichtig ist, die Situation zu verstehen und ein Gefühl der Zuversicht zu haben, dass sich die Dinge aller Wahrscheinlichkeit nach gut entwickeln können.

Sich bewegen hilft

Eigentlich gehört körperliche Bewegung zu den Grundbedürfnissen des Menschen. Weil Bewegung nicht so überlebensnotwendig erscheint wie zum Beispiel Essen oder Schlafen, wird sie oft vernachlässigt. Bewegung hilft nicht nur bei der Vorbeugung von Erkrankungen, sondern auch bei deren Linderung oder Heilung. Beispiele sind Erkrankungen des Herz-Kreislauf-Systems, Krebserkrankungen oder die Alzheimer-Demenz. Was für körperliche Erkrankungen gilt, trifft auch für die Depression oder Angststörungen zu. Menschen, die sich freiwillig sportlich betätigen, entwickeln weniger ängstliche und depressive Symptome. Es gibt wohl gemeinsame genetische Faktoren für die Lust auf Bewegung und die Neigung zu Angst und Depression. Wer sich gerne regelmäßig bewegt, ist auch weniger ängstlich und depressiv.

wichtig

Bewegung beeinflusst unsere Gefühle und Stimmungen – und zwar in positiver Richtung. Bei Ängsten und Depression hilft körperliche Aktivität, wieder mehr Vertrauen in sich und seinen Körper zu gewinnen.

Ein auch körperlich aktiver Lebensstil führt zu einer direkten Wechselwirkung zwischen einem gesunden Geist und einem gesunden Körper. Damit Sie nicht das Gefühl bekommen, dass alles mit furchtbaren Anstrengungen verbunden sein muss, können Sie sich durch folgende Vorschläge zur Leichtigkeit anregen lassen:

- Im Qigong gibt es eine Übung, die heißt »Der Kondor breitet seine Schwingen aus«. Sie können sich vorstellen, leicht und gleichzeitig kraftvoll zu fliegen und wenn Sie sich genug Raum nehmen, können Sie sich entsprechend Ihrer Vorstellung auch bewegen.
- Bei der Kundalini-Schüttelmeditation geht es darum, den ganzen Körper auszuschütteln, wenn Sie möchten mit Musik. Meditation darf auch mal wild und laut sein.
- Spielen Sie mit einem Kind fangen oder Fußball oder Wasserball im Schwimmbad. Oder laufen Sie über eine Wiese oder ein freies Feld und genießen Sie die Weite und Freiheit.
- Suchen Sie sich die passende Musik aus und tanzen Sie nach Lust und Laune, allein oder zu zweit.

Körper, Schmerz und Gefühl

Wenn jemand unter chronischen Schmerzen leidet, hat das immer auch Auswirkungen auf die Gefühle und Stimmungen, was wiederum die Schmerzwahrnehmung beeinflusst. Etwa zehn Millionen Menschen in Deutschland leiden unter anhaltenden Schmerzen. Viele von ihnen haben das Gefühl, vom Schmerz beherrscht zu werden und fühlen sich entsprechend hilflos, manchmal auch dem Schmerz regelrecht ausgeliefert. Unter den Schmerzforschern wurde die alte Zweiteilung des Menschen in Leib und Seele inzwischen aufgegeben. So weiß man heute, dass seelisches und körperliches Leid im Gehirn fast in den gleichen Bereichen verarbeitet wird. Ein Mensch kann an einem gebrochenen Herzen sterben.

Wenn der Körper nicht vergisst

Der Körper drückt nicht nur Gefühle aus, er ist auch Träger von Erinnerungen, die uns rational womöglich gar nicht bewusst sind. Der Münchner Psychoanalytiker Professor Michael Ermann fand heraus, dass ehemalige Kriegskinder überdurchschnittlich häufig unter psychischen Störungen wie Ängsten, Depression und psychosomatischen Beschwerden leiden.

Viele Kriegskinder sind nach dem Leitbild »hart wie Krupp-Stahl« erzogen worden, insbesondere Männer fühlen sich eher körperlich als seelisch krank, und es ist ihnen schwer zu vermitteln, dass es einen Zusammenhang zwischen körperlichen Beschwerden und seelischen Spannungen gibt.

Die Verarbeitung belastender oder auch traumatischer Erfahrungen kann individuell sehr unterschiedlich ablaufen. Manche erleben einen Wechsel von sich aufdrängenden Erinnerungen einerseits und einem Gefühl der Leere andererseits. Wiedererleben früherer traumatischer Erfahrungen kann sich äußern in Angstzuständen und/oder in körperlichen Beschwerden wie Herzrasen oder chronischen Schmerzen. In der Folge versucht man, diese Erinnerungszustände zu vermeiden.

Fremdheitsgefühle

Die Abspaltung von Erinnerung und Gefühlen kann den Eindruck vermitteln, nicht das eigene Leben zu leben, neben sich zu stehen. Diese Fremdheitsgefühle wirken sich auch auf Beziehungen aus. Wer mit sich selbst nicht richtig in Kontakt ist, hat auch weniger Bezug zu anderen. Die meisten Kriegskinder hatten nicht die Möglichkeit, über ihre Gefühle zu sprechen. Erschwerend kam hinzu, dass die Deutschen sich schuldig fühlen mussten und die Eltern der Kriegskinder große Probleme hatten, sich mit ihrem Schicksal auseinanderzusetzen.

Geschlechterunterschiede

Im Umgang mit ihren Erlebnissen gibt es Geschlechterunterschiede: Männer versuchen ihre Probleme eher über Leistung zu bewältigen, Frauen setzen sich bevorzugt für andere ein, hören zu. Heute sind die Kriegskinder in einem Alter, in dem es schwieriger ist, die Vergangenheit zu verdrängen und zu kompensieren. Das kann damit zusammenhängen, dass im Alter verschüttet geglaubte Erinnerungen an früher wieder aktiviert werden können. Außerdem vereinsamen manche – Familie, Freunde, der Beruf brechen langsam weg und die Gesundheit lässt nach. Auch kann man sich durch Arbeit nicht mehr ablenken.

Weitergabe

Belastende Erfahrungen können an die nächste Generation weitergegeben werden. Manchmal fühlen sich die Kinder der Kriegskinder genauso fremd und nehmen die eigenen Bedürfnisse nicht wahr. So kann ein Krieg über Generationen hinweg Menschen in ihren Gefühlen und ihrer (Nicht-)Selbstwahrnehmung beeinflussen. Heute entsteht zunehmend ein Bewusstsein für die psychischen Folgen und die Notwendigkeit einer angemessenen Verarbeitung.

»Körpergedächtnis«

Es gibt natürlich nicht nur ein »Körpergedächtnis« für belastende Erfahrungen, sondern auch für schöne Erlebnisse: Eine Frau, die an einer schweren Krebserkrankung litt, erzählte, dass sie sich vorstellte, im Meer zu schwimmen, wie sie es im gesunden Zustand getan hatte. Diese Imagination erlebte sie als belebend und stärkend, über ihr »Körpergedächtnis« konnte sie sich diese Ressource verfügbar machen.

ANWENDUNG

Hilfreiche Übungen

Damit Gefühle im Körper nicht »steckenbleiben«, versuchen Sie diese in Bewegung zu bringen:

- Erinnern Sie sich an eine Situation, die Sie wütend gemacht hat. Welcher Bewegungsimpuls ist damit verbunden? Möchten Sie am liebsten zuschlagen? Oder mit dem Fuß aufstampfen? Oder dem anderen ordentlich die Meinung sagen?
- Was macht Sie traurig? Wo spüren Sie die Traurigkeit im Körper? Welche Vorstellung tröstet Sie? Möchten Sie in den Arm genommen werden? Möchten Sie weinen können?
- Wie fühlt sich Angst in Ihrem Körper an? Möchten Sie am liebsten weglaufen oder kämpfen oder sich tot stellen? Welchen Impuls spüren Sie im Körper?
- Möchten Sie vor Freude in die Luft springen, die Welt umarmen?
- Jedes Gefühl drückt sich körperlich aus, erspüren Sie Ihre Bewegungsimpulse und geben Sie Ihnen nach, allerdings ohne sich selbst oder andere dabei zu verletzen.
- Laufen Sie, springen Sie, nehmen Sie sich einen Boxsack oder hüllen Sie sich in Embryohaltung in eine Decke.
- Sie können die Energie der Gefühle auch frei lassen in Form einer Sportart, die Ihnen guttut.

In Situationen, in denen höchste Konzentration erforderlich ist (zum Beispiel bei Gefahr, aber auch bei einer beruflichen oder sportlichen Herausforderung), kann unser Körper Schmerz wirksam unterdrücken: Durch die Ausschüttung von Adrenalin und euphorisierenden sowie schmerzstillenden Endorphinen können wir regelrecht »high« werden. Diese körpereigenen Drogen können sogar ein Verlangen nach Schmerz auslösen. Es gibt eine Verbindung zwischen Lust und Schmerz. Das wusste schon Marquis de Sade im späten 18. Jahrhundert (»Das Gefühl des Schmerzes belebt die Geister, indem es in den Geschlechtsorganen eine außerordentliche Hitze erzeugt.«). Ob der Schmerz Lust oder Qual hervorruft, hängt immer auch von der Bewertung ab. Die Schmerzwahrnehmung und die Schmerzbewertung laufen über das »limbische System«, wo auch die Erinnerung an frühere Schmerzerfahrungen abgespeichert ist. Schmerzgefühle in früheren Situationen sind Teil des Schmerzgedächtnisses und beeinflussen immer auch neue Schmerzerfahrungen. So kann eine körperliche Wunde in ihrer Schmerzintensität von Mensch zu Mensch sehr verschieden wahrgenommen werden. Auch wenn man körperlich »nichts« findet, bilden sich schmerzgeplagte Menschen den Schmerz nicht ein, sondern leiden darunter.

Akute Schmerzen hat jeder von uns schon erlebt, hilfreich für den Umgang damit ist normalerweise die Erfahrung, dass der Schmerz nach einer gewissen Zeit wieder nachlässt. Das ist bei chronischen Schmerzen in der Regel nicht der Fall. Anhaltende Schmerzen können sich durch das Leben ziehen, von Ängsten und Depression begleitet werden und sogar die Persönlichkeit verändern. Das Schmerzerleben wird häufig durch Stress verstärkt. Traumatisierte Säuglinge scheinen ein erhöhtes Risiko für Schmerzstörungen zu haben, ebenso Kinder von schmerzkranken Eltern, weil deren Verhalten zum Modell wird, das auch gelernt wird. Die Wahrnehmung und das Erleben von Schmerz werden dabei entscheidend von der Bewertung, der Haltung gegenüber dem Schmerz, beeinflusst. Wer neue Qual erwartet, wird sie auch erleben und das Schmerzgedächtnis sieht sich bestätigt. Allein die Angst vor dem Schmerz kann also Schmerz bedingen, man spricht in diesem Zusammenhang von einer klassischen Konditionierung.

wichtig

Die Wahrnehmung von Schmerz und die Zuordnung zu einer bestimmten Körperregion werden erst ab dem dritten Lebensjahr gelernt. Kleine Kinder äußern deshalb oft Bauchschmerzen, selbst wenn es im Kopf oder anderswo wehtut.

Chronische Schmerzen

Während akute Schmerzen eine wichtige Alarmfunktion haben, können sich anhaltende Schmerzen verselbstständigen und zur Schmerzkrankheit werden. Im Gehirn entsteht die komplexe Wahrnehmung von Schmerz durch das Zusammenspiel unterschiedlicher Hirnregionen. Über die sensorische Hirnrinde wird der Reiz wahrgenommen, über das »limbische System« erfolgt eine emotionale Bewertung, im präfrontalen Kortex wird die Information über den Schmerz mit Emotionen sowie Gedächtnisinhalten verknüpft, was zu einer bewussten Wahrnehmung von Stress, Angst oder auch Lust führt. Normalerweise verhindert das Gehirn durch die Unterdrückung der Schmerzweiterleitung im Rückenmark eine permanente Schmerzwahrnehmung. Unter Angst und Depression wird diese Hemmfunktion wahrscheinlich beeinträchtigt, was für chronische Schmerzen anfällig macht. Bei länger anhaltenden Schmerzen wird die Schmerzwahrnehmung immer besser gelernt. Es entsteht ein Schmerzgedächtnis mit immer neuen Verknüpfungen zwischen Nervenzellen, der Schmerz besteht dann auch unabhängig vom ursprünglichen Reiz weiter.

Was hilft gegen den Schmerz? Zunächst geht es darum, mögliche Zusammenhänge von schmerzverstärkendem und schmerzlinderndem Verhalten zu erkennen. Hilfreiche Fragen können sein:

- Was wirkt sich lindernd auf den Schmerz aus?
- Was lenkt von Schmerz ab und fördert die Aufmerksamkeit auf andere Bereiche des Lebens?
- Welchen Einfluss hat Entspannung, welchen Aktivität?
- Welche Aktivitäten sind trotz der Schmerzen möglich?
- Was können Sie trotz der Beschwerden genießen?

ANWENDUNG

Schreiben Sie Ihrem Schmerz einen Brief

Stellen Sie sich vor, Ihr Schmerz oder eine andere chronische Erkrankung wäre Ihr bester Freund oder Ihre beste Freundin, dem/der Sie einen Brief schreiben.

- Gibt es Dinge, die Sie durch den Schmerz gelernt haben?
- Hilft Ihnen der Schmerz, Grenzen besser wahrzunehmen? Macht Sie das auf der anderen Seite auch wütend?
- Wie hat sich dadurch Ihre Wahrnehmung verändert? Ist sie auf den Schmerz eingeengt oder konzentrieren Sie sich umso mehr auf andere Reize?
- Hat sich Ihr Verhalten sich selbst und anderen gegenüber verändert? Bekommen Sie mehr Verständnis und Zuwendung oder Entlastung? Sorgen Sie gut für sich selbst?
- Können Sie Ihren Körper annehmen oder kämpfen Sie gegen ihn?
- Was möchten Sie ändern im Umgang mit sich und Ihrem Körper?

Möglicherweise sind auch andere Ausdrucksformen stimmiger für Sie. Man kann Schmerz beispielsweise auch über Farben, Formen und Musik darstellen. Die Künstlerin Frida Kahlo verarbeitete ihr körperliches und seelisches Leid in ihren einzigartigen Bildern. Die Würdigung ihres Schmerzes kommt auch in dem Film »Frida« gelungen zum Ausdruck.

Wenn Gefühle belasten

Gefühle können uns in Schwierigkeiten bringen, wenn aus Ängstlichkeit Angst wird, Ärger sich in Zorn verwandelt und Zorn in Hass, wenn aus Begehren Gier wird, Freundschaft zu Neid, Liebe zu Hörigkeit oder Lust zur Sucht führt. Entwickeln sich unsere Gefühle einseitig in Extreme, schaden sie uns.

Gibt es das richtige Maß an Gefühl?

Wie viel Gefühl ist gut oder gesund? Gibt es dafür ein richtiges Maß? Wie erkennt man ein Zuviel? Und was kann man tun, wenn man von Gefühlen überflutet wird? Wie lassen sich Gefühle aushalten? Und wann ist es hilfreich, sie zu verdrängen?

Wir haben Gefühle, weil sie uns sagen, was uns wichtig ist, was wir brauchen oder wollen. Gefühle können uns helfen herauszufinden, was wir tun sollen. Probleme machen uns Gefühle, wenn die Intensität nicht passt. Bei einem Zuviel erleben wir das Gefühl als zu nah dran, es kann einen regelrecht überfluten und handlungsunfähig machen. Bei einem Zuwenig erscheint das Gefühl zu weit weg und wir können es nicht für uns nutzen. Es ist also wichtig, Gefühle auf die passende Intensität oder Distanz zu bringen, um damit umgehen zu können.

Neben der Intensität spielt eine wichtige Rolle, was in einer Situation das wichtigste Gefühl ist. Das entscheidende Gefühl kann nämlich verdeckt sein unter oder in anderen Gefühlen (zum Beispiel Trauer unter dem Ärger oder Ohnmacht hinter den Schuldgefühlen).

Wir können auch in einem Gefühl steckenbleiben, weil wir nicht wissen, worum es geht oder wie sich das Gefühl im Körper anfühlt. Oder weil wir es nicht in Worte fassen, in Verbindung mit einem größeren Zusammenhang bringen können. Dann geht es darum, das fehlende Element herauszufinden, Gedanken, Gefühle, Körperreaktionen und Handlungen zusammenzubringen, die jeweilige Lücke zu finden.

Temperament ist erblich. Eine Persönlichkeit kann extravertierter oder introvertierter sein, verträglicher oder unverträglicher, gewissenhaft oder weniger gewissenhaft, neugieriger oder verschlossener. Natürlich wird die Persönlichkeit eines Menschen auch beeinflusst von Umweltfaktoren, wozu schon die ersten Bindungserfahrungen gehören.

wichtig

In erster Linie geht es um Selbstakzeptanz mit der Option, sich weiterzuentwickeln, ohne sich zu verbiegen.

Wie viel Gefühl sollten oder dürfen wir zeigen?

Bekannt durch ihr Auftreten sind Choleriker wie Klaus Kinski oder Oliver Kahn, die manchmal regelrecht von ihrem Zorn befallen wurden. Fast schon ein geflügeltes Wort ist die Aussage des ehemaligen Trainers von Bayern München, Giovanni Trapattoni, der die eigenen Spieler beschimpfte, um mit dem legendären »Ich habe fertig« zu enden. So ein Ausbruch kann wie eine Selbstbefreiung wirken, bisweilen schädigt man sich damit jedoch selbst und andere.

Ist es gut, seinen Gefühlen freien Lauf zu lassen? Im positiven Fall kann das wie ein Ventil wirken, echter und authentischer sein, als destruktive Gedanken und Gefühle anwachsen zu lassen. Im ungünstigen Fall bereut man seinen Ausbruch und schämt sich, was man bei einem stabilen Selbstwertgefühl jedoch verkraften kann.

Diese Beispiele zum Gefühlsausdruck verdeutlichen, dass es das »richtige Maß« an Gefühlen nicht gibt. Zum einen hängt es von der persönlichen und gesellschaftlich-kulturellen Bewertung ab, wie viel wir von unseren Gefühlen zeigen können und dürfen, zum anderen von der Art der Wahrnehmung und wie wir diese verarbeiten.

In welchen Situationen leiden Sie an einem Zuviel an Gefühlen? Welche Gefühle sind das? Wie möchten Sie diese Gefühle stattdessen zum Ausdruck bringen? Möchten Sie umgekehrt manchmal mehr Gefühle zulassen? Was hindert Sie daran? Welche Folgen könnte das haben?

Wie viel Gefühl halten wir aus?

Es gibt einige wenige Menschen, die eine nahezu lückenlose Erinnerung für persönliche Erlebnisse und zugehörige Gefühle haben. Betroffene können nicht mit Abstand auf die Vergangenheit und die entsprechenden Gefühle zurückschauen, was oft als überflutend und quälend erlebt wird. Die Zeit heilt dann keine Wunden.

Um von den vielfältigen Reizen, die in jedem Moment auf uns einstürzen, nicht überflutet zu werden, müssen wir selektieren und abstrahieren, das heißt, den wesentlichen Zusammenhang erkennen. Für das Lernen wichtiger Informationen heißt das, dass wir Schwerpunkte setzen müssen, statt zu glauben, alle Einzelheiten behalten zu müssen. Wesentliche Voraussetzungen für erfolgreiches Lernen sind Aufmerksamkeit und Motivation. Dabei müssen konkrete Ziele gesteckt werden, die entsprechende Wichtigkeit besitzen. Auch das Vergessen ist eine notwendige Voraussetzung für ein funktionsfähiges Gedächtnis. Hirnphysiologisch wird die selektive Aufmerksamkeit durch Dopamin

ANWENDUNG

Zwischen unangenehmen und angenehmen Gefühlen hin und her pendeln

Denken Sie an Ihren letzten Urlaub. Stellen Sie sich eine bestimmte Szene vor, zum Beispiel, wie Sie am Strand spazieren gehen. Hören Sie das Rauschen des Meeres, riechen Sie die salzige Luft, spüren Sie den Wind auf Ihrer Haut. Welche Gefühle erleben Sie, wenn Sie daran denken?
Womöglich haben Sie eher angenehme Gefühle wiedererlebt, es sei denn, der Urlaub war überschattet von Beziehungsproblemen oder Zukunftsängsten.
Denken Sie nun an eine für Sie belastende Situation. Dazu gehörende Gefühle können Ärger, Wut oder Ohnmacht sein. Wenn Sie diese Situation noch nicht bewältigt haben, werden Sie merken, dass es Ihnen schon beim Gedanken daran schlechter geht.
Versuchen Sie jetzt, zwischen den zwei Vorstellungen hin und her zu pendeln. Stellen Sie sich also noch einmal die Urlaubsszene vor und nehmen Sie wahr, wie sich Ihre Gefühle verändern.
Es würde uns auf Dauer schwächen, wenn wir ständig Gefühle von Ärger oder Ohnmacht aushalten müssten. Aktiv behelfen können wir uns, indem wir gezielt unsere Gedanken auf Ressourcen lenken (zum Beispiel auf Kraftbilder) oder uns bei der Konfrontation mit Problemen auf mögliche Lösungen und Hilfen konzentrieren. Sonst bleiben wir in den belastenden Gefühlen regelrecht stecken. Die »Pendelübung« kann uns wieder in Bewegung bringen.

gesteuert. In guter Stimmung lernt es sich besser. Das Umgekehrte gilt, wenn wir negativen Stress erleben. Unter Dauerstress kommt es zu einer Erhöhung der Adrenalin- und Kortisolausschüttung mit einem Ungleichgewicht von Erregungs- und Dämpfungsprozessen. Das kann zum Beispiel Reizbarkeit bis hin zur unberechenbaren Aggressivität nach sich ziehen.

Wie viel müssen wir verdrängen?

Neben dem Vergessen gibt es auch noch die Verdrängung, die als Abwehrstrategie gilt und durchaus eine Ressource darstellt. Die Fähigkeit zu verdrängen hilft, Stress zu verarbeiten, mit Ängsten und Kränkungen umzugehen oder auch mit der Tatsache, dass wir sterben müssen. Der Prozess der Verdrängung erfordert Energie. Wenn jemand sehr erschöpft oder traumatisiert ist, kann das auch die Verdrängungsfähigkeit schwächen. Denn ein starkes Ich kontrolliert das Unbewusste unter anderem durch Verdrängung, ohne Notwendigkeit löst man diese nicht auf, auch nicht in der Psychotherapie. Die Verdrängungskraft wird gestärkt durch gute Erfahrungen und geschwächt durch schlechte. Durch eine glückliche Kindheit kann sich die Verdrängungskraft gut entwickeln, Vertrauen in das Leben hilft, den ständigen Gedanken an Krankheit oder Tod beiseitezuschieben. Ohne diese Gefühle von Sicherheit und Geborgenheit ist die Verdrängung geschwächt. Eine menschliche Urangst ist die, verlassen zu sein oder zu werden. Diese Angst kennt schon das Kind, das zu weit von der Bezugsperson entfernt ist und sich dann schutzlos fühlt.

Bei über Jahre traumatisierten Menschen, die oft Gefühle von Sicherheit und Vertrauen gar nicht kennen, findet man die Abspaltung von Wahrnehmung (Dissoziation) und Gefühlen als wesentliche Überlebensstrategie. Diese Form des Wegschiebens hilft, im Alltag zu »funktionieren«, allerdings um den Preis, dass man sich insgesamt weniger spürt. Die traumatischen Erfahrungen sind damit auch nicht gelöscht. Sobald die Abwehrmechanismen geschwächt sind, zum Beispiel unter akutem Stress, können traumatische Erfahrungen als Erinnerungszustand wiedererlebt werden, als wäre man jetzt in der bedrohlichen Situation, es gibt keine Abgrenzung zur Vergangenheit. Mit sozialer bzw. therapeutischer Unterstützung ist es möglich, zuvor nicht aushaltbare Gefühle aushaltbarer zu machen, wenn im Gegensatz zu früher Sicherheit und ein gewisses Vertrauen vorhanden sind. Dann können mit der Zeit auch Gefühle wie Ohnmacht, Angst, Trauer, Wut und Scham zugelassen werden. Das geht nur, wenn man weiß, dass man jetzt in Sicherheit ist, das Leben nicht mehr unmittelbar bedroht ist und man mit seiner Trauer nicht verlassen ist. Das Leid darf zugelassen werden, man darf sich wieder spüren. Man darf leben, ohne ständig um das Überleben kämpfen zu müssen.

Die notwendige Verdrängung setzt ebenfalls Gefühle von Sicherheit und Vertrauen voraus. Wir könnten uns nicht auf das Leben konzentrieren, wenn wir jeden Tag intensiv damit beschäftigt wären, an mögliche Krankheiten oder andere Gefahren zu denken, die uns das Leben kosten könnten. Die Beschäftigung mit dem Tod ist zwar notwendig und auch unumgänglich, die Angst davor soll uns jedoch nicht unsere Lebendigkeit nehmen.

Leiden durch ein Zuviel oder Zuwenig

Eine gewisse Bandbreite an möglichen Gefühlsreaktionen stellt eher eine Ressource dar, die unser Menschsein und unsere Gesellschaft bereichert. Anders sieht es bei Gefühlszuständen aus, die durch belastende Erfahrungen hervorgerufen werden und damit keine angeborenen Persönlichkeitsmerkmale darstellen. Bei einer anhaltenden Stressreaktion kommt es sowohl zu Übererregungs- als auch zu Untererregungszuständen, ein relativ ausgeglichener »Alltagszustand« wird selten erlebt.

Richten wir zunächst einen Blick auf unsere »normale« Befindlichkeit und unser Körpererleben im Alltag. Morgens nehmen wir wahr, wie ausgeschlafen und körperlich gesund wir uns fühlen. Wir stehen auf, duschen, frühstücken, putzen die Zähne und machen uns auf den Weg zur Arbeit. Vielleicht erleben wir diese Abläufe unter Zeitdruck und empfinden es als unangenehm, wenn wir im dichten Verkehr stehen oder wir uns über jemanden geärgert haben. Letztendlich nehmen wir diese Ereignisse aber innerhalb der normalen Schwankungsbreite wahr.

Permanenter Ausnahmezustand

Für Menschen, die nicht ausreichend auf Gefühle von Sicherheit und Vertrauen zurückgreifen können, sind solche Vorgänge oft nicht banal. Das plötzliche Erwachen nach einem Alptraum kann bereits Panik auslösen mit einer entsprechend ausgeprägten Stressreaktion. Unter dem Einfluss der Stresshormone fällt es schwer, wieder zur Ruhe zu kommen. Im Bad wird der Kontakt mit dem eigenen Körper so weit wie möglich vermieden, weil der Körper Träger von zu vielen Erinnerungen ist. Die Wahrnehmung für den eigenen Körper wird abgespalten, man spürt kein richtiges Hunger- oder Sättigungsgefühl, vergisst, ausreichend zu essen und zu trinken. Wenn man sich nicht richtig wahrnimmt, kann man auch nicht gut für sich sorgen. Vielleicht spürt man den Körper erst bei starken Schmerzen oder wenn man sich selbst verletzt. Nähe zu anderen Menschen kann Angst, Ekel oder Aggression auslösen. Letztendlich herrscht ein permanenter Ausnahmezustand. Körper und Geist sind auf Überlebenskampf eingestellt, nicht auf die Wahrnehmung des Lebens im Hier und Jetzt. So wechseln sich Überlebensstrategien des Kampfes und der Flucht mit dem Totstellreflex ab, einem Zustand der Untererregung, in dem durch endogene Opiate die Schmerzempfindlichkeit herabgesetzt wird. Dieser dissoziative Zustand ist oft mit Gefühlen von Hilflosigkeit und Hoffnungslosigkeit verbunden.

Ziel einer Verarbeitung ist ein mittleres Erregungsniveau, ein Zustand, in dem Lernen und Veränderungen möglich sind. Wenn in der Gegenwart die äußere Sicherheit gewährleistet ist, können sich über positive Erfahrungen mit Menschen Gefühle von Vertrauen entwickeln. Man kann lernen, die Wahrnehmung im Hier und Jetzt zu stärken und sich zu beruhigen. Unter Einbeziehung des Körpers geht es um eine bessere Selbstwahrnehmung und Selbstfürsorge. Wenn man wieder mehr Kontakt zu seinen Gefühlen und zu seinem Körper hat, kann man Antworten finden auf Fragen wie: »Wo stehe ich? Wie sehe ich mich selbst? Was ist mir passiert?« Die Versprachlichung und das Verstehen nennt man im Fachbegriff Mentalisierung. Die Fähigkeit dazu zeichnet unter anderem einen reifen und stabilen Menschen aus.

Von Gefühlsblindheit, Autismus und der männlichen Art zu denken

Vermutlich halten viele Frauen ihren Partner zeitweise für »gefühlsblind«, wenn dieser mal wieder total »verkopft« reagiert, statt einfach nur zuzuhören und ein bisschen Trost zu spenden. Einige Wissenschaftler sehen den Autismus als eine extreme Ausprägung des männlichen Gehirns an.

Was bedeutet Alexithymie?

Der Begriff Alexithymie kommt aus dem Griechischen und heißt wörtlich das Nichtlesen-Können von Gefühlen. Etwa 10 % der Bevölkerung haben dieses Persönlichkeitsmerkmal. Gehäuft findet man die Alexithymie bei Männern; ähnlich wie es beim Autismus der Fall ist, der bei etwa 1% der Menschen vorkommt.

Bei Menschen mit einer Alexithymie besteht eine Unfähigkeit, Emotionen hinreichend wahrzunehmen und zu beschreiben. Betroffene haben Schwierigkeiten, ihre Gefühle zu regulieren. Alexithymiker können nicht zwischen körperlichen Empfindungen und Gefühlsregungen unterscheiden; Gefühle werden häufig nur als diffuse Spannungs- oder Erregungszustände wahrgenommen, eine bewusste Verarbeitung von Gefühlen findet nicht statt.

Probleme treten vor allem in der Partnerschaft auf

Viele Gefühlsblinde sind sich ihres Defizits kaum bewusst. Im Alltag und im Berufsleben funktionieren Alexithymiker oft ganz gut, zu Problemen kommt es im Kontakt mit engen Angehörigen oder in der Partnerschaftsbeziehung. Betroffene können ihre Gefühle schlecht beschreiben und verstehen auch die der anderen kaum. Sie werden als »Kopfmenschen« erlebt, bei der Interpretation von emotionalen Erlebnissen orientieren sie sich eher an anderen, weil sie sich selbst und andere nur vage spüren. Eine mögliche Ursache kann eine frühe Bindungsstörung sein. Auch Traumatisierungen können zur Selbstentfremdung führen.

Was ist Autismus?

Die Alexithymie ist keine Diagnose wie der Autismus, aber eines seiner Kennzeichen. Auch Menschen mit Autismus haben Schwierigkeiten, im Sozialkontakt unterschiedliche Empfindungen wahrzunehmen. Allerdings geht man beim Autismus von einer angeborenen tief greifenden Entwicklungsstörung aus; die Wahrnehmungs- und Informationsverarbeitung im Gehirn sind gestört. Die Sichtweise einiger Wissenschaftler, den Autismus als eine extreme Ausprägung des männlichen

Gehirns zu verstehen, lenkt den Blick auf die tatsächlich vorhandenen Unterschiede zwischen männlichen und weiblichen Gehirnen.

Typisch Mann? Typisch Frau?

Im Durchschnitt unterscheiden sich Männer und Frauen in der Funktionsweise des Gehirns und in der Emotionsregulation. Ein Grund für aggressives Verhalten von Männern ist das Testosteron. Frauen haben in der Regel eine bessere Fähigkeit mitzufühlen, was sie in persönlichen sozialen Beziehungen oft kompetenter macht und ihnen soziale Unterstützung erleichtert. Bei Frauen scheint es mehr Vernetzungen zwischen der rechten und der linken Hirnhälfte zu geben. Männer dagegen sind oft besser im Abstrahieren und in der Präsentation von fertigen Lösungen. Das führt nicht selten zu Konflikten. Wenn eine Frau ein Problem anspricht, erwartet sie eher Zuwendung und Verständnis für ihre Gefühle, während der Mann meint, gleich eine fertige Lösung anbieten zu müssen. Stößt diese dann nicht auf Begeisterung, fühlt der Mann sich abgelehnt und die Frau unverstanden. In einer Gruppe von Frauen geht es meist emotionaler zu, beste Freundinnen wissen mehr voneinander als die jeweiligen Partner. In einer Gruppe von Männern gibt es eher ein gemeinsames Interesse an bestimmten Aktivitäten.

Voneinander lernen

Beide Geschlechter können voneinander lernen. Frauen müssen nicht immer nur über Gefühle und Probleme sprechen, es tut auch gut, einfach mal was Schönes miteinander zu machen. Männer können lernen, dass es nicht für alles eine Lösung gibt, dass Gefühle differenzierter sind. Unter belastenden Gefühlen leiden Männer und Frauen gleichermaßen, sie unterscheiden sich aber im Ausdruck dieser Gefühle. Frauen richten aggressive Gefühle eher gegen sich selbst, Männer eher nach außen. Umgekehrt ist es bei der Trauer. In der Regel fällt es Frauen leichter zu weinen.

Gefühle »lesen« lernen

Ein Alexithymiker ist wie ein Analphabet in Bezug auf Gefühle. So wie man Sprache und Lesen lernt, kann man auch die Wahrnehmung und den Ausdruck von Gefühlen lernen. Der Autismus gilt als nicht heilbar, durch eine unterstützende Behandlung ist aber eine Besserung möglich. Autisten sind schnell reizüberflutet und überfordert, wenn es um soziale Interaktionen geht. Nonverbale Verhaltensweisen wie Blickkontakt, Gesichtsausdruck, Körperhaltung und Gestik können sie nicht einordnen. Wenn sie ein Gesicht sehen, erkennen sie nicht die Emotion, sondern jedes Detail: die Lippen, die Zähne usw. Nicht nur optische Reize werden als Überforderung erlebt, sondern auch akustische oder durch Berührung ausgelöste. So können Wörter wie Lärm und Berührungen wie Schmerz wahrgenommen werden. Was für andere Menschen selbstverständlich ist, müssen Autisten Schritt für Schritt mühsam lernen. Dabei brauchen sie viel Struktur und Ordnung, um nicht von Reizen überflutet zu werden.

Umgang mit belastenden Gefühlen

Eine große Bandbreite an durchlebten Gefühlszuständen bereichert das Leben. Aber es kommt immer wieder vor, dass Gefühle zu stark in eine Richtung driften, sich scheinbar verselbstständigen und uns und auch anderen eher schaden als nutzen.

Depression

Bei der Depression geht es nicht um ein Zuviel an Gefühl, sondern um eine Verflachung von Emotionen. Gefühle wie Freude oder Ärger werden kaum oder gar nicht mehr wahrgenommen. Man spricht auch von einem Gefühl der Gefühllosigkeit. Die Gedanken und Gefühle erhalten einen grauen oder schwarzen Anstrich. Mehr als vier Millionen Deutsche leiden an einer Depression. Inzwischen weiß man, dass Schwermut nicht nur die Seele, sondern auch den Körper schädigt. Studien zeigen, dass Depressionen besonders in den hoch industrialisierten Ländern zunehmen.

In der Depression ist das Erleben eingeschränkt und negativ eingefärbt. Betroffene grübeln mehr, verlieren das Interesse an Dingen, die ihnen vorher Freude gemacht haben, die Stimmung ist meist traurig oder niedergeschlagen. Der Kontakt zu belebenden Gefühlen wie Neugier oder Glück geht verloren. Stattdessen fühlt man sich wertlos oder schuldig, kritisiert oder bestraft sich selbst, kann sich selbst wenig Empathie und Fürsorge entgegenbringen.

Behandelt werden Depressionen meist mit Medikamenten (Antidepressiva), oft kombiniert mit verschiedenen Formen der Psychotherapie, die verzerrte Denkmuster aufdecken, hilfreichere Einstellungen fördern und ein besseres Verständnis für sich selbst ermöglichen. Erfolgreich können auch Sport, die Behandlung mit Licht oder Schlafentzug sein.

Antidepressiva

Die ersten Antidepressiva wurden aufgrund ihrer chemischen Struktur trizyklisch genannt, sie wirkten relativ unspezifisch auf mehrere Botenstoffe. Später entwickelte Medikamente beeinflussen gezielt Neurotransmitter wie Serotonin, Noradrenalin oder Dopamin. Am bekanntesten sind die sogenannten selektiven Serotonin-Wiederaufnahme-Hemmer (SSRI), zu denen beispielsweise auch Fluctin oder Prozac zählen. Bei der Wirkung spielt nicht nur ein Mehr an Botenstoffen eine Rolle, man geht eher davon aus, dass die veränderte Konzentration an Neurotransmittern in den Zellen eine Kette von Prozessen anstößt. So könnten Antidepressiva das Wachstum neuer Nervenzellen anregen, was auch erklären könnte, warum die antidepressive Wirkung oft erst nach zwei bis drei Wochen einsetzt. Inzwischen weiß man auch, dass die Neigung zur Depression ebenso wie die Wirkung von Antidepressiva durch die Gene beeinflusst werden. Im Blut und im Urin von Depressiven fand man erhöhte Mengen des Stresshormons Kortisol, wobei nicht klar ist, ob diese Veränderungen Auslöser oder Folge einer depressiven Erkrankung sind. Die Ausschüttung von Kortisol wird über das Hormon CRH (Corticotropin Releasing Hormone) reguliert, bei Depressiven findet man oft einen erhöhten CRH-Spiegel.

Was wirkt verstärkend und was hilft?

Es bleibt die Frage, inwieweit Stimmungsschwankungen und Verstimmungen zu unserer normalen Gefühlswelt gehören und wann sie krankhaft werden. Der US-Schriftsteller Andrew Salomon, der selbst schwere Depressionen kennt, schreibt: »Wir empfinden heute viele Dinge als pathologisch, die früher als Teil der Persönlichkeit akzeptiert wurden.«

In jedem Fall findet man bei einer gedrückten Stimmung häufig Gedanken wie: »Ich bin schlecht. Keiner mag mich. Es hat alles keinen Sinn. Nichts hilft.« Diese und ähnliche Haltungen sind meist zu absolut (»keiner«, »alles«, »nichts«), einseitig und unrealistisch. Es geht darum, diese auf den Realitätsgehalt zu überprüfen und festzustellen, was wirklich zutrifft. Durch das eigene Verhalten erzeugen Depressive oft zusätzlichen Stress, wenn sie sich zum Beispiel für alles verantwortlich fühlen oder ihren Selbstwert über ihre Leistung definieren. So gibt es Depressive, die bis zur Erschöpfung Anforderungen erfüllen, die im Grunde gar nicht an sie gestellt werden. Oder sie haben nicht gelernt, »nein« zu sagen und sich angemessen abzugrenzen. Man kann entsprechende soziale Kompetenzen trainieren und lernen, eigene Wünsche und Bedürfnisse zu berücksichtigen. Wie bei fast allen seelischen Störungen ist es außerdem wichtig, die Ressourcen, das sind die persönlichen Kraftquellen, zu stärken. Es geht also um den Aufbau positiver Aktivitäten (Hobbys, Sport, Sozialkontakte etc.). Berücksichtigt man all diese Faktoren, bestehen gute Chancen für eine stabilere und bessere Stimmung. Entscheidend ist, dass sich Veränderungen nicht nur im Kopf abspielen, sondern dass man auch einen Zugang zu seinem Körper und seinen Gefühlen findet. Hierbei können kreative Elemente über das Gestalten oder die Bewegung helfen.

Die Stationen einer depressiven Verstimmung und mögliche Auswege daraus kann man sich etwa so vorstellen: Man fühlt sich niedergeschlagen und hat keine Lust und keinen Antrieb, etwas zu tun. Weil man sich nicht mehr für Freunde oder Sport interessiert, zieht man sich mehr zurück. Dadurch fehlt es an positiven Erlebnissen und Anregungen von außen, die Stimmung wird noch schlechter. Man hat

ANWENDUNG

Kennen Sie depressive Phasen?

- Gab es Auslöser für die depressive Reaktion?
- Was hat Ihnen geholfen?
- Was können Sie tun, um sich vor einer erneuten Depression zu schützen?

Zu den basalen schützenden Faktoren gehören eine Tagesstruktur mit geregelten Mahlzeiten und Schlaf, vertrauensvolle Sozialkontakte, positive Aktivitäten, eine realistische Selbsteinschätzung und realistische Ziele. Es gilt das »Prinzip der kleinen Schritte« statt »alles oder nichts« oder »Augen zu und durch«. Wichtig ist, dass die verschiedenen Lebensbereiche (soziale Einbindung, Existenzsicherung, persönliche Ressourcen, Körper/Gesundheit, Sinnfindung) sich gegenseitig ausgleichen können und kein Lebensbereich die anderen verdrängt.

noch weniger Kraft, sich aufzuraffen, fühlt sich isoliert.

Ein Ausweg aus dem Teufelskreis könnte so aussehen: Man rafft sich trotz der Niedergeschlagenheit auf und unternimmt erste kleine Schritte. Neue und andere Erfahrungen können helfen, die Stimmung etwas aufzuhellen. Man wird wieder unternehmungslustiger und entwickelt über Aktivitäten und Sozialkontakte längerfristig Selbstsicherheit und Selbstwirksamkeit.

Statt sich nur mit der Frage auseinanderzusetzen, warum man depressiv ist, könnte man sich auch fragen, was einen bisher am Leben gehalten hat, was hilft durchzuhalten. Vielleicht stellt man dann fest, dass man an bestimmten Menschen hängt, noch Wünsche an das Leben hat, es noch kleine Freuden gibt. Schließlich hilft manchen auch zu erkunden, was der Sinn der Depression sein könnte, zum Beispiel sich Pausen zu verschaffen.

Wie man sich vor Verbitterung schützen kann

Was aber hilft, wenn man im Alter seine Eigenständigkeit verliert und sich hilflos fühlt? Oder wenn man nach hundert Bewerbungen immer noch keine Stellenzusage bekommen hat? Oder wenn man trotz hohen Einsatzes zurückgewiesen wird? Wenn die Würdigung von erlebtem Leid und Unrecht ausbleibt? Zur Bewältigung bedarf es einer gewissen Weisheit. Betroffene können lernen, sich in Menschen hineinzuversetzen, die außer ihnen noch an der verletzenden Situation beteiligt waren, um sich letztendlich mit dem Unvermeidbaren abzufinden. Es geht dabei allerdings nicht nur um einen Perspektivenwechsel, sondern auch um eine Änderung der Le-

ANWENDUNG

Womit hadern Sie in Ihrem Leben?

Machen Sie sich Gedanken darüber, womit Sie noch keinen Frieden geschlossen haben, was Sie noch umtreibt. Der erste Schritt ist, erlittenes Unrecht zu würdigen und zu betrauern. Gut ist, sich jemandem anvertrauen zu können; das können enge Freunde sein, aber auch eine Therapeutin oder ein Seelsorger. Verlassen Sie die Opferrolle, nehmen Sie eine aktive Haltung ein. Hilfreich kann die Übung »Frieden schließen mit sich selbst« sein:

- Es geht darum, erlittenes Unrecht, Entwertungen und Selbstvorwürfe loszulassen, um Neues zu beginnen.
- Erinnern Sie sich an eine Situation, in der Sie im Frieden mit sich und Ihrem Leben waren. Stellen Sie sich die Szene so genau wie möglich vor und nehmen Sie wahr, wie sich das auch im Körper anfühlt.
- Denken Sie jetzt an eine Situation in der letzten Zeit, in der Sie im Unfrieden mit sich und der Welt waren.
- Lassen Sie den Teil, der im Einklang mit sich ist, zu dem Teil, der in Unfrieden mit sich ist, hingehen und einen liebe- und verständnisvollen Kontakt aufnehmen, ohne jede Kritik. Das kann mit Worten oder Körpergesten sein. Vielleicht möchten Sie sich selbst in den Arm nehmen oder in den Arm genommen werden.

benssituation. So kann ein körperlich eingeschränkter Mensch über die Beziehung zu anderen Menschen noch Einfluss auf sein Leben nehmen. Verbitterte Jugendliche können aus ihrer Frustration und Hilflosigkeit herauskommen, wenn sie wieder Interessen entwickeln, die über Computerspiele hinausgehen (zum Beispiel Sport in einem Verein, was nicht der Schützenverein sein muss).

Ein weiterer Aspekt, der die Depression oder Verbitterung fördern kann, ist die Einsamkeit. Es kann sehr frustrierend sein, wenn es an Mitgefühl und Anerkennung von anderen fehlt. Noch schlimmer ist es allerdings, wenn man sich selbst und anderen kein Mitgefühl geben kann. Wenn man anderen Menschen Aufmerksamkeit schenkt, tut man sich auch selbst etwas Gutes, solange man sich dabei selbst nicht übersieht. Am wichtigsten ist, sich selbst nicht im Stich zu lassen!

wichtig

Wer gelernt hat, mit Lebenskrisen umzugehen und diese erfolgreich zu überstehen, gewinnt an Widerstandskraft, der sogenannten Resilienz.

Trauer

Die Deutschen verdrängten nach 1945 die eigenen seelischen Verwundungen. Deutschland hatte so viel Leid über andere Völker gebracht, dass es vermessen schien, das eigene Leid zu benennen. Kriegsheimkehrer schwiegen, wurden aber die schrecklichen Erlebnisse nicht los. Heute weiß man, dass viele unter einer posttraumatischen Belastungsstörung litten. Die Scheidungsrate lag ein paar Jahre nach dem Krieg mehr als doppelt so hoch wie davor. Die Menschen waren nicht fähig zu trauern. Psychotherapeutische Unterstützung war damals nicht üblich. Die Mitmenschlichkeit kam teilweise zu kurz, da sich viele in den Wiederaufbau, das sogenannte Wirtschaftswunder stürzten, um möglichst schnell am normalen Leben teilzunehmen. Manchen half es, Verantwortung zu übernehmen

Das Trauern zulassen

Es ist nicht leicht zu trauern und es bedarf großer Stärke, den Tatsachen ins Auge zu schauen. Trauer hat wenig mit Jammern zu tun, wo man sich eher als Opfer fühlt. Wenn Trauer eher aus einer aktiven Haltung heraus erfolgt, kann sie den Weg zu einer neuen inneren Stärke ebnen. Man darf sich dafür Zeit nehmen. Man darf weinen und sich anderen Menschen anvertrauen, denn Gemeinschaft tröstet. Helfen können stimmige Rituale, zum Beispiel eine Trauerfeier, wo man das Recht hat zu klagen und wo das eigene Leid gewürdigt wird. Bilder, Symbole und Musik können dem Schmerz eine Gestalt verleihen. So kann es durchaus sinnvoll sein, die Trauer auszudrücken, indem man ein Requiem hört, eine Kerze anzündet oder sich in dunklen Farben kleidet. Entsprechende Rituale sind auch Teil unserer Kultur. Trost heißt in diesem Zusammenhang nicht, den Schmerz zum Verschwinden zu bringen. Trost hilft eher, die Unerfahrbarkeit des Todes erfahrbarer zu machen.

Trauer ist auch seelische »Arbeit« und dient der Verarbeitung. Auf diese Weise kann wieder seelische Energie frei werden, die sonst steckenbleiben würde. Trauern kann helfen, leidvolle Erfahrungen wahrzunehmen und als Teil der eigenen Identität anzunehmen, um mit seinem Schick-

ANWENDUNG

Bewusst trauern

Versuchen Sie, mit dem, was Sie verloren haben, zu sprechen. Dabei kann es sich um einen geliebten Menschen handeln, eine Fähigkeit oder eine verpasste Chance. Wer an einer fortschreitenden Erkrankung leidet oder mit dem Alter zunehmende Einschränkungen erfährt, braucht Zeit loszulassen. Es geht dann darum, andere Prioritäten als die körperliche Leistungsfähigkeit zu finden, sich auf seine Lebenserfahrung zu besinnen und neue Schwerpunkte zu setzen.

sal Frieden zu schließen. Das Leid muss anerkannt und gewürdigt werden. Diese Prozesse brauchen Zeit. Manchmal Jahre. Wer lernt, die Trauer anzunehmen, wird auch Gefühle von Freude und Dankbarkeit intensiver erleben.

Selbstwirksamkeit

Als entscheidende Ressource in schwierigen Situationen gilt die Überzeugung der eigenen Selbstwirksamkeit. Wer in Bezug auf die Bewältigung eine optimistische Einschätzung der eigenen Kontrolle und des eigenen Einflusses hat, bleibt handlungsfähig und kann Ohnmachts- und Hilflosigkeitsgefühlen entgegenwirken. Diese Coping-Ressource ist hilfreich, wird aber für sich allein oft dem Phänomen der Endgültigkeit des Todes nicht gerecht.

Spiritualität

Hier kommt die Spiritualität ins Spiel. Eine bestimmte religiöse Orientierung stellt dabei nicht automatisch eine Ressource dar. Ein positiver Zugang zu Religion oder Spiritualität zeichnet sich durch Gefühle der Verbundenheit und das Finden von Sinn im Leben aus. Religiöser Glaube kann aber auch eine unsichere Beziehung zu Gott bedeuten, der dann als richtend und strafend wahrgenommen wird. In diesem Fall kommt es nicht selten vor, dass man in Bezug auf das eigene Schicksal zweifelt und hadert und verzweifelt nach Sinn und Bedeutung des Lebens sucht.

Transformation

Kritische Lebensereignisse führen zwar oft zu tiefem Schmerz, bedeuten aber nicht zwingend negative Konsequenzen für die seelische und körperliche Gesundheit. Es gibt auch die Möglichkeit, an der Erfahrung zu wachsen und zu einer veränderten Werthaltung zu kommen. Frankl, der selbst mit schlimmsten Erfahrungen das Konzentrationslager überlebte, sah selbst in solchen Lebenssituationen noch die Möglichkeit eines Sinnangebotes. Er konnte sein Leiden transformieren und zu größerer Sinnerfüllung führen.

Ängste

Ängste erinnern uns besonders an unsere Grenzen und unsere Menschlichkeit. Ohne Angst würden wir das Gespür für uns selbst verlieren, würden wir uns übernehmen. Es ist gut, sich mit der Angst vertraut zu machen, sie zuzulassen, damit sie nicht lähmt. Wir haben viele Ängste.

Tod. Um mit unserer Angst vor dem Tod umzugehen, brauchen wir »Verdrängungskraft«, Gefühle von Sicherheit und Vertrauen sowie das Gefühl, nicht verlassen zu sein. Auch die Spiritualität, der Glaube an eine höhere Macht oder an ein Leben nach dem Tod können uns helfen, die Angst vor dem Tod besser bewältigbar zu machen.

Verlassenheit. Von frühester Kindheit kennen wir die Angst, allein gelassen zu werden. Verlassen werden erzeugt Angst. Wenn wir uns unserer Würde und unseres Wertes bewusst sind, dann sind wir auch fähig, bei uns selbst zu bleiben und uns selbst auszuhalten. Man darf sich nicht selbst verlassen, es ist wichtig, sich selbst beizustehen. Wer mit seinem innersten Kern in Einklang ist, wird in Beziehungen weniger ängstlich und vorsichtig sein müssen. Man kann sich dem anderen dann mit mehr Freiheit, Weite und Liebe zuwenden. Die Beziehung bleibt so nur ein Teil des Lebens, sie soll uns nicht davon abhalten, uns um unser innerstes Selbst zu kümmern. Das macht uns weniger abhängig und lässt uns Verlustängste und tatsächliche Verluste besser ertragen. Letztendlich können wir die Spannung zwischen Angst und Liebe nie ganz auflösen. Entscheidend ist, dass die Liebe nicht von der Angst überdeckt wird.

Verletzung. Als soziale Wesen haben wir die Angst, verletzt zu werden. Wir alle haben empfindliche Stellen, an denen wir tief getroffen werden können. Wenn wir jedoch ein Kernselbst aufbauen konnten, ein gewisses Urvertrauen in uns selbst und die Welt haben, dann sind wir in unserem innersten Raum geschützt. Dietrich Bonhoeffer sah die Liebe als Gegengift gegen die Menschenverachtung. Wie auch Viktor Frankl, der allerdings im Gegensatz zu Bonhoeffer die Willkür des Naziregimes überlebte, war er sich bewusst, dass er einen unangreifbaren Kern, der heil und ganz blieb, hatte.

Beschämung. Eine weitere Form der Angst ist die Angst vor Beschämung, die Angst sich zu blamieren, denn wir haben das Bedürfnis, von anderen anerkannt zu werden. Wir wollen uns schützen vor der Kritik und der Verurteilung durch andere. Ziel bei der Schamangst könnte sein, die anderen denken zu lassen, was sie wollen. Es geht darum, mit sich selbst in Kontakt zu kommen, auf sein Inneres zu hören, den eigenen Impulsen zu trauen. Wir haben aber auch Angst vor dem Unbewussten in uns, vor den inneren Widersprüchen und dem möglichen inneren Chaos, was nicht aufbrechen darf und mit viel Energie unterdrückt werden muss. Vielleicht geht es bei dieser Angst darum, das Dunkle in einem selbst anzunehmen, es ohne Verurteilung anschauen zu dürfen.

Bedrohung. Nach als traumatisch erlebten Erfahrungen kann man lernen, diese der Vergangenheit zuzuordnen und mögliche Auslösereize im Hier und Jetzt als nicht mehr bedrohlich einzuordnen. Voraussetzung dafür ist, dass in der Gegenwart tatsächlich keine reale Gefahr mehr besteht. Wenn man wieder Gefühle von Sicherheit und Kontrolle entwickeln kann, schwächen sich Gefühls- und Körperreaktionen auf entsprechende Reize ab. Dieses Umlernen oder Überschreiben des Angstgedächtnisses machen sich die Verhaltenstherapeuten zunutze. Wenn man sich unter kontrollierten Bedingungen wiederholt einer angstbesetzten Situation aussetzt, gewöhnt man sich mit der Zeit daran und die Angst lässt nach bzw. verschwindet ganz. Das gilt natürlich nicht für real bedrohliche Situationen, wo die Angst immer eine wichtige Signalfunktion hat und entsprechende Überlebensstrategien in Gang setzt. Emotionsforscher sind sich nicht einig, ob eine im »Traumagedächtnis« gespeicherte Angst nur gehemmt werden kann oder ob es möglich ist, diese sogar zu löschen.

Scham- und Schuldgefühle

Scham gehört zur Grundausstattung des Menschen und dient dem Schutz unseres Innenraumes. Bei Adam und Eva war die Scham mit dem kreativen Akt der Erkenntnis und Bewusstwerdung verbunden. Schamgefühle entwickeln sich ungefähr im zweiten bis dritten Lebensjahr. Dieses relativ spät auftretende Erleben erklärt sich dadurch, dass Scham ein gewisses Selbst-Bewusstsein erfordert, es notwendig ist, sich als eigenständigen Menschen zu begreifen. Das Kind macht erste Erfahrungen von Autonomie, es entdeckt neugierig seine Umgebung. In dieser ersten Phase der Selbständigkeitsentwicklung wird es jedoch auch mit Gefühlen der Scham und des Zweifels konfrontiert. Gefördert werden Schamgefühle, wenn das Kind in seiner Bedürftigkeit eher Zurückweisung und Missachtung erfährt und es an positiver Resonanz mangelt.

Die Psychologen Lelord und André haben drei ironisch gemeinte »Patentrezepte«, wie man in der Erziehung Scham und eine geringe Selbstachtung erzeugen kann. Man gibt dem Kind nur dann Zuneigung, wenn es bestimmte Leistungen erbringt. Man verlangt ihm Dinge ab, die es von seiner Entwicklung her noch gar nicht kann. Man gibt spöttische und entwertende Kommentare, wenn ihm etwas misslingt. Dann könne man mit großer Wahrscheinlichkeit davon ausgehen, dass ein Kind sich minderwertiger im Vergleich zu anderen erlebt, kaum Vertrauen in die eigenen Fähigkeiten entwickelt, sich zurückzieht, seiner Unfähigkeiten schämt und mitunter unerklärlich aggressiv und gereizt reagiert.

Was haben Scham und Schuld gemeinsam?

Beide sind »moralische« Affekte, die in der Regel negativ bewertet werden. Man ist sich seiner Selbst bewusst und führt den Affekt auf die eigene Person zurück. Sowohl Scham als auch Schuld werden typischerweise im Zusammenhang mit anderen Menschen erlebt. Oft werden beide durch ähnliche Ereignisse ausgelöst wie moralisches Versagen und Grenzüberschreitungen.

Was unterscheidet Scham und Schuld?

In der Bewertung betrifft die Scham das Selbst als Ganzes. Man fühlt sich als Person in Frage gestellt. Schuld hingegen betrifft das spezifische Verhalten. Schamgefühle verursachen ein größeres Ausmaß an Leiden und werden schmerzhafter erlebt als Schuldgefühle. Scham lässt einen schrumpfen, führt dazu, dass man sich klein, wert- oder machtlos fühlt. Schuld löst eher Spannung, Bedauern oder Reue aus. Bei der Scham erlebt sich das Selbst durch globale Entwertung beschädigt, was bei der Schuld so nicht vorkommt. Da sich das Selbst bei der Scham beschädigt fühlt, besteht Besorgnis über die Bewertung durch andere Personen. Bei der Schuld besteht eher die Sorge um die Auswirkungen des eigenen Tuns auf andere. Bei der Scham möchte man am liebsten einen Teil seines Selbst zum Verschwinden bringen, bei der Schuld geht es um das Bedürfnis, Teile des Verhaltens ungeschehen zu machen. Während bei der Scham eher die Motivation besteht, sich zu verstecken, zu entfliehen oder zurückzuschlagen, findet man bei der Schuld eher das Bedürfnis zu gestehen, sich zu entschuldigen oder wiedergutzumachen.

Unterschiedliche Schamgefühle

- Es gibt eine existenzielle Scham, wenn man glaubt, als Person unerwünscht oder mit einem Makel behaftet zu sein.
- Intimitätsscham wird erlebt bei Verletzung der Selbst- und Intimitätsgrenzen.
- Zu einer Kompetenzscham kann es bei Misserfolgen und Kontrollverlusten kommen.
- Schande geht mit einer aktiven Demütigung von außen einher, mit dem Verlust von Würde und Integrität (zum Beispiel bei Folter).
- Zur Idealitätsscham kommt es bei einer Diskrepanz zwischen Selbst und Ideal oder wenn man sich wegen schuldhaften Handelns schämt.
- Von einer Abhängigkeitsscham spricht man, wenn in Beziehungen eine nicht erwünschte Abhängigkeit erlebt wird oder die Liebe unerwidert bleibt.
- Bei der ödipalen Scham fühlt sich die oder der ausgeschlossene Dritte klein oder minderwertig.
- Schließlich gibt es noch Scham-Schuld-Konflikte bei Widersprüchen im Über-Ich zwischen Gewissen und Ideal (zum Beispiel Trennungsschuld und Abhängigkeitsscham).

Das volle Schamerleben setzt die Fähigkeit zur Selbstbeobachtung voraus, weshalb die Fähigkeit zur Entwicklung von Schamgefühlen erst ab dem Ende des zweiten Lebensjahres besteht. Zu diesem Zeitpunkt entwickeln sich auch Sprache und die Fähigkeit zur Symbolisierung.

Jeder hat schon Schamgefühle erlebt, entscheidend ist der Umgang damit.

Den Zusammenhang zwischen Alkoholabhängigkeit und Scham hat Antoine de Saint-Exupéry in seinem Buch »Der kleine Prinz« beschrieben:

»Den nächsten Planeten bewohnte ein Säufer. Dieser Besuch war sehr kurz, aber er tauchte den kleinen Prinzen in eine tiefe Schwermut. ›Was machst du da?‹ fragte er den Säufer, den er stumm vor einer Reihe leerer und einer Reihe voller Flaschen sitzend antraf. ›Ich trinke‹, antwortete der Säufer mit düsterer Miene. ›Warum trinkst du?‹ fragte ihn der kleine Prinz. ›Um zu vergessen‹, antwortete der Säufer. ›Um was zu vergessen?‹ erkundigte sich der kleine Prinz, der ihn schon bedauerte. ›Um zu vergessen, dass ich mich schäme‹, gestand der Säufer und senkte den Kopf. ›Weshalb schämst du dich?‹ fragte der kleine Prinz, der den Wunsch hatte, ihm zu helfen. ›Weil ich saufe!‹ endete der Säufer und verschloss sich endgültig in sein Schweigen. Und der kleine Prinz verschwand bestürzt. Die großen Leute sind entschieden sehr, sehr wunderlich, sagte er zu sich auf seiner Reise.«

(Antoine de Saint-Exupéry »Der kleine Prinz« © 1950 und 2008 Karl Rauch Verlag, Düsseldorf)

Abwehrmuster

Bei Schamkonflikten gibt es einige typische Abwehrmuster (nach Wurmser, 1990):

- Um handlungsfähig und nicht ausgeliefert zu erscheinen, wechselt man von der passiven Rolle in eine aktive: Man begegnet anderen mit Verachtung oder Spott, greift andere aggressiv an.
- Man provoziert und gibt sich betont schamlos.
- Man verdeckt die Scham unter anderen Gefühlen, die leichter zu ertragen sind: Zorn, Trotz, Hochmut, Kälte oder auch Unnahbarkeit.
- Man verleugnet die schmerzliche Wahrnehmung durch Abstreiten, Bagatellisierung oder Depersonalisation.
- Der Affekt wird blockiert, was sich in Erstarrung, emotionaler Unberührbarkeit oder Langeweile äußern kann.
- Das Schamerleben wird auf einen Teilbereich reduziert, zum Beispiel das Aussehen oder einen Aspekt des beruflichen Lebens.
- Abwehr kann sich auch in Impulshandlungen äußern wie Substanzmissbrauch, Bulimie (Ess-Brech-Sucht), aggressiven Durchbrüchen, Lügen oder Täuschen.
- Statt Schamempfinden kommt es zu Gegenfantasien wie Größenvorstellungen oder Rachegedanken.

wichtig

Meist wird das Empfinden von Scham dadurch abgewehrt, dass man sich nach außen perfekt präsentiert und andere kritisiert oder attackiert.

Schuldgefühle

In Eriksons Stufenmodell der psychosozialen Entwicklung kommen Schuldgefühle in der Zeit vom dritten bis sechsten Lebensjahr ins Spiel. Die Fähigkeit zu Schuldgefühlen ist zunächst ein Zeichen von seelischer Gesundheit und einer gewissen Reife der Persönlichkeit, denn gefährlich sind Menschen, die gewissenlos und ohne Reue handeln. Ihnen fehlt eine innere Instanz, die ihnen rechtzeitig ins Gewissen redet. Ein Zuviel an Schuldgefühlen kann jedoch schädlich sein. Depressiv Kranke leiden oft an ungesunden, nicht berechtigten, Schuldgefühlen. Allerdings können Schuldgefühle auch eine Schutzfunktion haben, wenn dahinter Scham als tiefer liegender Schmerz verborgen ist. Das Gefühl von Schuld vermittelt eine aktivere Rolle als Gefühle von Scham oder Ohnmacht. Wenn ich an etwas schuld bin, hätte ich auch die Möglichkeit gehabt, die Situation anders zu beeinflussen. Menschen, die als Kinder sexuelle Gewalt erlebt haben, fühlen sich oft selbst dafür verantwortlich, obwohl – objektiv gesehen – die Schuld eindeutig beim erwachsenen Täter liegt. In diesem Fall schützen Schuldgefühle vor den viel massiveren und schwer aushaltbaren Gefühlen der Scham und des Ausgeliefertseins. Die Tatsache, dass man in der Situation keinen Einfluss nehmen konnte, kann erst zugelassen werden, wenn man sich in der Gegenwart sicher fühlt und entsprechende Unterstützung erhält, die früher gefehlt hat. Entscheidend im Umgang mit Schuldgefühlen ist eine Realitätsüberprüfung. Im obigen Beispiel können mit entsprechender Unterstützung Schuldgefühle aufgelöst werden, wenn man nicht mehr so viel Angst vor der dahinter liegenden Scham haben muss, wenn man lernt, sich anzunehmen. Kommt man zu dem realistischen Schluss, dass man einen Fehler gemacht hat, anderen Unrecht angetan hat, geht es um den Mut, dafür die Verantwortung zu übernehmen und die Konsequenzen zu tragen. Wer echte Einsicht zeigt, beweist Stärke und eine gewisse Demut, was wiederum soziale Unterstützung und Akzeptanz ermöglicht.

Minderwertigkeitsgefühle und Selbstzweifel

Menschen, die sich minderwertig fühlen, erleben sich als unterlegen, unbedeutend, klein oder hässlich. Sie haben Angst, etwas falsch zu machen, Aggressionen richten sie eher gegen sich selbst. Minderwertigkeitsgefühle können zwar in jeder Lebensphase auftreten, haben ihren Ursprung aber nicht selten in Kindheit und Jugend.

Eine Ursache können schwere Verletzungen sein, die sich Menschen untereinander zufügen. Neben schwerwiegenden traumatischen Erfahrungen (zum Beispiel körperliche oder sexualisierte Gewalt) gibt es zahlreiche subtilere Prozesse, die zu langanhaltenden belastenden Gefühlen führen können. Dazu gehört das Nichtverstehen durch den anderen, weil es an empathischer Einstimmung fehlt. Es gibt aber auch eine schadenverursachende Einstimmung, wenn zum Beispiel eine wichtige Bezugsperson dem anderen immer wieder Schlechtes unterstellt und die Realitätsverzerrung nicht wahrnehmen kann. Davon Betroffene erleben sich dann häufig als beschädigt oder schlecht und fühlen sich diesen Gefühlen ausgeliefert, weil das Gegenüber emotional nicht zugänglich ist,

Jedes Alter hält bestimmte Entwicklungsaufgaben bereit

In jedem Lebensalter gibt es für uns bestimmte Entwicklungsaufgaben. Das postulierte der Psychoanalytiker Erik H. Erikson. Im ersten Lebensjahr sollte beispielsweise das Urvertrauen gefestigt werden. Das Vorhandensein oder der Mangel dieses Urvertrauens beeinflusst unser gesamtes Leben.

Mit seinem Stufenmodell legte Erikson die Grundlage für die Psychologie der Entwicklungsaufgaben. Er definierte bestimmte Entwicklungen, deren Bewältigung er den verschiedenen Alterszeiträumen zuordnete. In jeder Entwicklungsphase sind Aufgaben zu bewältigen. Damit sind jeweils spezifische Krisen verbunden. Jede der acht Stufen stellt einen Konflikt dar, der einer aktiven Auseinandersetzung bedarf. Die erfolgreiche Bewältigung einer Entwicklungsstufe ist für die Bewältigung der nächsten hilfreich, aber nicht unbedingt erforderlich. Gemachte Erfahrungen können verwendet werden, um neue Identitätskrisen zu verarbeiten. Dabei werden Konflikte oft nicht vollständig gelöst, sondern können ein Leben lang aktuell bleiben.

Die acht Stufen der psychosozialen Entwicklung nach Erikson

Stufe	Lebensjahr	Charakteristik	Aussage	Bemerkung
1	1.	Urvertrauen versus Urmisstrauen	»Ich bin, was man mir gibt.«	Wenn die Grundbedürfnisse befriedigt werden und die Bezugspersonen feinfühlig sind, schafft das die Basis für Vertrauen.
2	2.–3.	Autonomie versus Scham und Zweifel	»Ich bin, was ich will.«	Ist durch die erste Entwicklungsstufe die Basis für Vertrauen und Sicherheit geschaffen, kann das Kleinkind zunehmend die Umwelt erforschen und selbstständiger werden. Dabei wird es auf Grenzen stoßen und Ängste erleben, die Scham und Zweifel hervorrufen können.

Stufe	Lebensjahr	Charakteristik	Aussage	Bemerkung
3	3.–6.	Initiative versus Schuldgefühl	»Ich bin, was ich mir vorstellen kann zu werden.«	In dieser Phase haben Kinder oft Größenideen, sie orientieren sich aber auch an den erwachsenen Modellen. Wie bei der zweiten Stufe stößt das eigene Wollen auf Grenzen, deren Überschreitung mit zunehmender Gewissensbildung auch Schuldgefühle hervorrufen kann.
4	6.–Pubertät	Werksinn oder Kompetenz versus Minderwertigkeitsgefühl	»Ich bin, was ich lerne.«	Bei einer gesunden Entwicklung geht es hier um die realistische Einschätzung der eigenen Kompetenzen bzw. um Lernerfahrungen. Bei Störungen können sich Minderwertigkeitsgefühle entwickeln.
5	Jugendalter	Identität versus Identitätsdiffusion	»Ich bin, was ich bin.«	In dieser Phase entwickelt sich die eigene Identität, was zuvor einige Verwirrung auslösen kann. Zu diesem Zeitpunkt ist das Gehirn eine regelrechte Baustelle.
6	frühes Erwachsenenalter	Intimität versus Isolierung	»Ich bin, was mich liebenswert macht.«	In dieser Entwicklungsphase geht es um eine angemessene Nähe-Distanz-Regulation und die Würdigung des eigenen Selbstwertes.
7	mittleres Erwachsenenalter	Generativität versus Stagnation	»Ich bin, was ich bereit bin zu geben.«	Generativität ist die Fähigkeit, die Liebe in die Zukunft zu tragen, sich um zukünftige Generationen zu kümmern sowie sich sozial zu engagieren. Das Gegenteil einer gesunden Entwicklung wäre die Stagnation.
8	hohes Erwachsenenalter	Ich-Integrität versus Verzweiflung	»Ich bin, was ich mir angeeignet habe.«	Hier geht es auch um die Auseinandersetzung mit Alter und Tod. Gelingt diese, kann sich Weisheit entwickeln. Ziel ist, sein Leben anzunehmen, die Fehler und das Glück darin sehen zu können.

um diese Verzerrungen aufzulösen. Menschen mit einer narzisstischen Persönlichkeitsstörung lösen beim anderen oft solche destruktiven Gefühle aus, um sich selbst besser und überlegener fühlen zu können. In solchen Fällen bedarf es großer Stärke und hilfreicher sozialer Unterstützung, um den eigenen Selbstwert zu schützen bzw. wiederherzustellen.

Was fördert ein gutes Selbstwertgefühl?

Für ein gutes Selbstwertgefühl braucht es mehr als nur die Abwesenheit von Minderwertigkeitsgefühlen oder Selbstzweifeln. Es bedarf eines Bewusstseins für sich selbst, der Anerkennung durch andere und der Übernahme von Verantwortung. Selbstbewusstsein umfasst das Wissen um eigene Fähigkeiten und Stärken, wichtig ist dabei eine realistische Selbsteinschätzung. Talente allein nützen wenig, wenn sie nicht eingesetzt und gefördert werden. Das ist der Teil des Selbstwertgefühls, den man selbst mit mehr oder weniger Anstrengung beeinflussen kann. Ein zweiter Aspekt sind die Menschen, mit denen man in Kontakt steht oder die noch Einfluss auf das eigene Leben haben. Wer im sozialen Umfeld ständig Abwertungen und Demütigungen erfährt, wird gegen Minderwertigkeitsgefühle ankämpfen müssen, was viel

ANWENDUNG

Sich selbst bewusster werden

Um sich Ihrer selbst bewusster zu werden, können Sie sich Gedanken zu folgenden Fragen machen:

- Welche Fähigkeiten und Talente habe ich?
- Inwieweit setze ich diese im Alltag ein?
- Was ist mir in meinem Leben wichtig? Lebe ich entsprechend meiner Werte und Ziele?
- Mit welchen Menschen fühle ich mich wohl? Wer tut mir nicht gut?
- Gibt es in meinem Umfeld Menschen, die mir das Gefühl vermitteln, ein wertvoller Mensch zu sein? Wie fühlt es sich an, wenn ich an diese Menschen denke?
- Übernehme ich Verantwortung für mich und meinen Körper? Wie denke ich über mich und wie gehe ich mit mir selbst um? Nehme ich eine aktive Rolle ein oder reagiere ich eher auf andere?

Wenn wir noch einmal die verschiedenen Stufen der psychosozialen Entwicklung durchgehen, können Sie sich auch fragen:

- Was kann und möchte ich lernen?
- Wer bin ich, was macht mich als Mensch aus?
- Was finde ich an mir liebenswert, was schätzen andere an mir?
- Was kann ich anderen geben?
- Wofür bin ich dankbar?

seelische Energie kostet, die an anderer Stelle fehlt.

wichtig

Ein Gefühl der Minderwertigkeit bedeutet nicht, dass man tatsächlich minderwertig ist. – Stellen Sie sich vor, Sie verlieren einen Fünfzig-Euro-Schein und viele Menschen trampeln darauf herum. Glauben Sie, dass der Schein weniger wert ist, wenn Sie ihn wiederfinden?

Vielleicht kennen Sie die Geschichte vom hässlichen Entlein, das in Wirklichkeit ein Schwan ist, sich aber in der falschen Gruppe von Enten befindet, die es wegen seines Andersseins abwerten. Erst in der richtigen Gruppe von Schwänen wird es in seinem Wert gesehen und zum schönen Schwan.

Ein dritter Aspekt ist die Übernahme von Eigenverantwortung mit entsprechender Selbstfürsorge. Auch dieser Gesichtspunkt ist mit Anstrengung verbunden, weil es um die Entwicklung von Lebenszielen und Werten geht, nicht nur um die Pflege seiner Person.

Selbstzweifel sind erst mal nicht negativ zu werten, sie können auch Antrieb für notwendige Entwicklungsschritte sein. Wer sich seiner selbst zu sicher ist, kann auch hochmütig und arrogant werden, nicht mehr offen und neugierig für Impulse von außen. Nicht hilfreich sind hingegen selbstzerfleischende Vorwürfe oder das Gefühl, das Leben nicht genießen zu dürfen.

Ohnmachtsgefühle

Ohnmachtsgefühle sind für die meisten Menschen am schlimmsten auszuhalten. Sich ausgeliefert fühlen, keine Kontrolle haben, nichts machen können – das kann regelrecht lähmen und in Panik versetzen. Im Zusammenhang mit traumatischen Erfahrungen, die menschengemacht sind, kommt es zu der Konstellation Täter – Opfer bzw. Macht – Ohnmacht. Wenn das Opfer keine reale Möglichkeit hat, sich aus der Situation zu retten, weil Kampf oder Flucht nicht möglich sind, wird es eine dritte Überlebensstrategie »wählen«, den sogenannten Totstellreflex. Im Tierreich kennt man diese Reaktion von gejagten Tieren, wenn sie vom Raubtier eingeholt werden, nicht weiter fliehen können und im Kampf unterlegen wären. Beim Totstellreflex werden Wahrnehmungen für Angst und Schmerz weitgehend abgespalten, man bekommt nicht mehr bewusst mit, was mit einem passiert. Diese Abspaltung von Wahrnehmung (Dissoziation) schützt vor nicht aushaltbaren Gefühlen oder Körperempfindungen. In dieser Situation werden körpereigene Opiate ausgeschüttet, die den Bewusstseinszustand und die Schmerzempfindung verändern. Unser

Körper ist unter extremem Stress zu völlig gegensätzlichen Reaktionen fähig. Wenn es um Kampf oder Flucht geht, werden die dafür notwendigen Körperfunktionen massiv hochgefahren, wenn es nur noch um den Schutz vor überflutenden Reizen geht, machen sich Körper und Geist taub. In weniger extremen Situationen können wir Ohnmachtsgefühle durchaus wahrnehmen, versuchen diese aber durch besser aushaltbare Gefühle zu ersetzen. Diese Prozesse laufen in der Regel unbewusst ab.

Drei Beispiele

Zur Verdeutlichung dieses unbewussten Umgangs mit Ohnmachtsgefühlen schildern wir einige Beispiele:

Ein Mann hat über mehrere Jahrzehnte mit viel Engagement für »seine« Firma gearbeitet, es besteht eine hohe Identifikation mit seiner Tätigkeit. Oft ist er dabei auch über seine Grenzen gegangen, war selten krankgeschrieben, obwohl er bei hoher körperlicher Belastung und Wechselschicht zunehmend unter Schmerzen und Schlafstörungen leidet. Aufgrund der schlechten Wirtschaftslage und seines Alters verliert er seine Arbeit. Die Chancen auf einen anderen Arbeitsplatz sind gering. Zu Hause wird er zunehmend reizbar bis hin zu Impulsdurchbrüchen. Die Ohnmacht äußert sich in Aggression, was eine aktivere Haltung ermöglicht, die in diesem Fall jedoch nicht hilfreich ist. Kurzfristig kann er aufgestaute negative Energien loswerden, langfristig gefährdet er auch noch sein Familienleben.

Eine Frau hat als Kind und Jugendliche innerhalb der Familie sexuelle Gewalt erlebt. In ihrer Not konnte sie sich niemandem anvertrauen aus Angst, man würde ihr nicht glauben oder die Familie würde auseinanderbrechen. Der Täter, der gleichzeitig Bezugsperson war, muss als »gutes Objekt« erhalten bleiben. Die Frau leidet unter massiven Scham- und Schuldgefühlen, in Bezug auf ihren Körper empfindet sie Ekelgefühle bis hin zum Selbsthass. Durch diese Gefühle, die eigentlich der Täter erleben müsste und die daraus resultierende Identifikation mit dem Täter fühlt sie sich ihm gegenüber nicht mehr so ausgeliefert und ohnmächtig. Die Schuldgefühle nähren die Illusion, sie hätte irgendeine Form von Einfluss gehabt, was sie in eine aktivere Rolle bringt.

Ein Kind hat als wichtigste Bezugsperson eine Mutter, die chronisch depressiv ist und sich sehr zurückzieht. Es fragt sich oft, ob es schuld daran ist, dass es der Mutter so schlecht geht. Es versucht, die Mutter durch überangepasstes Verhalten zu schützen, weil es sich verantwortlich fühlt. Es fehlt an weiteren erwachsenen Vertrauenspersonen. In der Schule ist das Kind der Klassenclown, was ihm einerseits Ärger, andererseits auch Bewunderung verschafft.

Mögliche Lösungswege

In den genannten Beispielen fehlt es am Austausch mit einer feinfühligen Bezugsperson. Der Mann schämt sich womöglich vor sich selbst und seiner Familie, er

ANWENDUNG

Situationen der Hilflosigkeit neu bewerten

Wenn Sie immer wieder Situationen erleben, in denen Sie sich hilflos und ausgeliefert fühlen, können folgende Fragen hilfreich sein, um vielleicht zu einer anderen Bewertung zu kommen:

- Habe ich mich schon einmal in einer ähnlich schlimmen Situation befunden?
- Was ist meine größte Angst?
- Was würde ich einem guten Freund in einer solchen Situation raten?
- Welche Fähigkeiten bräuchte ich, um mit der Situation besser umgehen zu können?
- Wann in meinen Leben hatte ich diese Fähigkeiten?
- Kann ich darauf zurückgreifen?
- Wer könnte mich dabei unterstützen?
- Wie werde ich in einem Jahr über die Situation denken?

bewertet den Verlust des Arbeitsplatzes als Versagen und Schwäche. Seine Aggressionen geben ihm ein vermeintliches Gefühl von Stärke. Könnte er sich seiner Frau anvertrauen oder einem guten Freund, bekäme er vielleicht die Rückmeldung, dass er für die Situation nichts kann und dass man gemeinsam nach Lösungen suchen werde.

Die traumatisierte Frau könnte im Austausch mit einer Vertrauensperson und mit deren Unterstützung das Gefühl der früheren Ohnmacht zulassen und die Schuld – wie es der Realität entspricht – dem Täter zuweisen. Sie könnte lernen, Mitgefühl für sich selbst aufzubringen und liebevoller mit sich umzugehen. Solche Prozesse sind allerdings auch mit Gefühlen von Trauer und Wut über das Erlebte verbunden und sie brauchen Zeit.

Für das Kind würde man sich wünschen, dass zum Beispiel ein feinfühliger Lehrer hinter die Fassade blickt und die Not erkennt. Das Kind ist mit der Verantwortung für die Mutter massiv überfordert, es braucht Unterstützung, um sich entlasten zu können und eine angemessene Emotionsregulation zu erlernen.

wichtig

Ohnmachtsgefühle können zugelassen werden, wenn es auf der anderen Seite so etwas wie Hoffnung und Vertrauen in sich und andere Menschen gibt.

Für eine gesunde Entwicklung sind wir Menschen auf sichere Bindungen angewiesen. Das kleine Kind benötigt ein Mindestmaß an zwischenmenschlichen Kontakten und emotionaler Resonanz, um Gefühle von Sicherheit und Vertrauen aufbauen zu können. Die Bindungsfähigkeit stellt einen der wichtigsten Resilienzfaktoren dar. Natürlich spielt auch das Modelllernen beim Umgang mit Gefühlen eine entscheidende Rolle. Im oben aufgeführten Beispiel könnten die Mutter und das Kind profitieren, wenn die Mutter sich entsprechende Hilfe suchen würde. Der entscheidende Faktor muss nicht die Erkrankung der Mutter sein, sondern deren Umgang damit bzw. die Achtsamkeit und das Verständnis der Mitmenschen.

Ärger und Aggression

Aggressionen bis hin zu Gewalt und Destruktivität kennzeichnen das menschliche Zusammenleben. Als Gegenentwurf gibt es die Vorstellung einer geordneten Welt frei von Gewalt, im Christentum ist es das Paradies. In der Diskussion um die Ursachen sehen die einen Aggressivität als eine anthropologische Grundeigenschaft. Thomas Hobbes (1588–1679) begründete darauf seine Staatslehre. Seine Sichtweise formulierte er mit folgendem Satz: »homo homini lupus« (der Mensch ist dem Menschen ein Wolf). Die andere Seite sieht menschliche Destruktivität als Reaktion auf Traumatisierungen, formuliert als Frustrations-Aggressions-Hypothese. Im Prinzip steckt in beiden Definitionen ein Korn Wahrheit. Ein gewisses aggressives Potenzial ist für die Entwicklung notwendig. Man kann es im günstigen Fall konstruktiv einsetzen. Kreative Erfahrungen (zum Beispiel im sportlichen Wettbewerb oder in der Natur) machen es bereits dem Kind möglich, seine aggressiven Impulse zu erleben und damit angemessen umgehen zu lernen.

Zunächst einmal hat die Aggression wichtige Funktionen: Sie dient der Verteidigung und schützt soziale Beziehungen. Aggression tritt dann auf den Plan, wenn Beziehungen bedroht sind, nicht gelingen oder fehlen. Normalerweise schafft Vertrauen wiederum Vertrauen, während Misstrauen und Ablehnung Aggression begünstigen. Die ursprüngliche Funktion der Aggression liegt darin, dass wir versuchen, unsere Unversehrtheit zu bewahren und Schmerz abzuwehren. Stärker als die Gene wirken Lebenserfahrungen: Die Gewaltbereitschaft wird erhöht, wenn Menschen selbst Gewalt erlebt haben.

Aggression ist kein Selbstzweck

Wir Menschen haben ein biologisches Grundbedürfnis, von anderen akzeptiert zu werden. Deshalb bemühen wir uns um Beziehungen, verteidigen diese oder reagieren mit einer gewissen Aggression auf ihr Scheitern. Würden wir Beziehungen nicht verteidigen, wären sie uns auch nicht viel wert. Schon Geschwister kämpfen untereinander um die Liebe und Anerkennung ihrer Eltern. In partnerschaftlichen Beziehungen kommt die Aggression ins Spiel, wenn Geben und Nehmen ungleich verteilt sind. Sie ist dann ein wichtiges Signal für eine notwendige Korrektur, damit die Identität gewahrt und die Beziehung gesichert werden kann. Eine Gemeinschaft zeichnet sich auch durch eine gemeinsame Kampfbereitschaft aus. Menschen, die aufgrund schwerer Vernachlässigung bis hin zur Verwahrlosung keinerlei gute Beziehungserfahrungen machen konnten, kompensieren den Mangel an Zuwendung durch Aggression, was man nicht selten bei Kindersoldaten oder Gewalttätern findet. Als die beiden stärksten Einflussfaktoren für aggressives und gewalttätiges Verhalten erwiesen sich selbst erlittene Gewalt und fehlende menschliche Beziehungen in der Herkunftsfamilie. Es gibt also auf der einen Seite ein Zuviel an Aggression, auf der anderen Seite ein Zuwenig an Liebe. Betroffene Kinder erfahren Zuwendung oft nur in Form von Aggression, eine andere Form lernen sie nicht kennen. Wenn sie erwachsen sind, suchen sie sich nicht selten ähnliche Beziehungskonstellationen, indem sie sich entweder an einen gewalttätigen Partner binden oder in der Beziehung selbst Gewalt weitertragen. So kann es zu Traumatisierungen von Generation zu Generation kommen.

Gewalttätige Kinder

Gerald Hüther, Hirnforscher und Neurobiologe, hat sich mit seinen Forschungen über kindliche Entwicklung und Lernen einen Namen gemacht. Er fragt nach den Ursachen, warum Kinder und Jugendliche heute unkontrollierter mit ihren inneren Impulsen umgehen. Normalerweise entwickeln Kinder Hemmmechanismen, die sie hindern, in schwierigen Situationen Grenzen zu überschreiten. Er sieht es als Ausdruck einer fatalen Fehlentwicklung, wenn Kinder sich selbst beweisen, dass sie etwas darstellen, indem sie Gewalt ausüben. Gewalt bezeichnet er als eine in Notfällen lebensrettende Bewältigungsstrategie, die im menschlichen Hirnstamm, also in einem sehr alten Bereich des Hirns, verankert ist. Sie wird in der Regel erst dann eingesetzt, wenn keine anderen Bewältigungsstrategien mehr zur Verfügung stehen. Seiner Meinung nach müssen Kinder lernen, ihre Affekte und Impulse zu steuern. »Wer dies nicht lernt, wird später im Leben scheitern.« Für Hüther gibt es keine spielerische Gewalt, Waffen sind für ihn Unterwerfungsinstrumente. Deshalb empfiehlt er Eltern, nach anderen Möglichkeiten zu suchen, wie sie der Entdeckerfreude und Gestaltungslust ihrer Kinder gerecht werden können.

Gewalt als soziales Phänomen

Die Diskussion um Spielzeugwaffen, elektronische Spiele bis hin zu Ego-Shooter-Spielen und echten Waffen flammt immer wieder dann auf, wenn es tatsächlich zu kriminellen Taten kommt wie zum Beispiel bei den Amokläufen in Erfurt und Winnenden. Computerspiele sieht Hüther als Ersatzbefriedigung für Grundbedürfnisse, die Kinder (und sicher auch Erwachsene) haben: »Sie wollen mit anderen Menschen verbunden sein, wertgeschätzt, anerkannt. Und sie wollen wachsen, autonom werden, ihre Potenziale entfalten.« Sie bräuchten Herausforderungen und wollten zeigen, dass sie etwas können. Gewalt sieht Hüther nicht als individuelles, sondern als ein soziales Phänomen.

Nach unseren Erfahrungen in der Psychotherapie mit seelisch schwer verletzten

Menschen halten wir die Hypothese, dass Menschen gewalttätig werden können, um sich vor Schmerz und Angst zu schützen, für wahrscheinlich.

Umgang mit Ärger

Aggression muss nicht in Gewalt ausarten. Werfen wir jetzt einmal einen Blick auf Widrigkeiten des Alltags und den damit verbundenen Ärger. Verena Kast hat dazu eine einleuchtende Idee. Sie schreibt in ihrem Buch »Vom Sinn des Ärgers«: »Wer Ärger zulässt, glaubt daran, dass man das Leben noch verändern kann.« Ärger wird dabei definiert als eine spontane, innere, emotionale Reaktion hochgradiger Unzufriedenheit mit einer Situation, einer Person oder einer Erinnerung, die der Verärgerte verändern möchte.

wichtig

Der Dalai Lama empfiehlt: »Wenn uns jemand ärgert, sollten wir zwischen dem Menschen an sich und seiner aktuellen Haltung unterscheiden.«

Ärger und Aggression haben immer auch mit Bewertungen zu tun. Wenn man sich im Alltag nicht unterkriegen lassen möchte, lohnt es sich, eigene Grundüberzeugungen zu hinterfragen und gegebenenfalls durch vernünftigere zu ersetzen (Zum Beispiel: »Ich darf nicht nein sagen.«). Wenn beim inneren Denken zu oft das Wort »muss« auftaucht, kann ebenfalls Ärger entstehen. Vielleicht löst sich der Druck und verändert sich zu einer freieren Entscheidung, wenn man das »muss« durch »möchte« ersetzt.

In der Auseinandersetzung mit anderen Menschen kann es hilfreich sein, Folgendes zu beachten:

- Versuche, freundlich zu sein.
- Wehre dich, wenn deine Grenzen verletzt werden.
- Sei nicht nachtragend, sondern versuche, den Konflikt zu klären, um wieder zusammenzukommen.

Joachim Bauer nennt in seinem Buch »Prinzip Menschlichkeit – Warum wir von Natur aus kooperieren« sinngemäß folgende Voraussetzungen für das Gelingen einer Beziehung:

- Sehen und gesehen werden.
- Gemeinsame Aufmerksamkeit gegenüber etwas Drittem.
- Emotionale Resonanz.
- Gemeinsames Handeln.
- Das wechselseitige Verstehen von Motiven und Absichten.

Nichtbeachtung sieht Joachim Bauer als Beziehungs- und Motivationskiller und Ausgangspunkt für aggressive Impulse. Damit ein Kind ein autonomes Selbst entwickeln kann, braucht es verlässliche Bezugspersonen, die es in seiner Besonderheit wahrnehmen und ihm seine Individualität spiegeln und lassen.

Wut konstruktiv nutzen

Wir möchten Ihnen noch einige Anregungen zur Affektregulation von Wut geben, in der ja viel Energie steckt. Es geht darum, diese Kraft zu kultivieren und konstruktiv zu nutzen. Wut ist eine heftige Gefühlsbewegung, die sich auch in der Körpersprache ausdrückt: Man ist heißblütig, kocht vor Wut oder sieht rot. Es ist weder gut, Wut zu unterdrücken, noch der Wut freien Lauf zu lassen. Wir wissen heute, dass es für unsere Gesundheit wichtig ist, die eigenen Gefühle kompetent steuern zu können und einen angemessenen Ausdruck zu finden.

Sie können sich Ihre Wut auf einer emotionalen Temperaturskala vorstellen, beginnend mit einem lauwarmen Unmutsgefühl hin zu einem wärmeren Ärger. Heiß wird es, wenn sich der Ärger in Wut wandelt und sich die Wut in Zorn oder Verachtung und Hass steigert. Zorn stellt sich ein, wenn elementare Werte und Grenzen nicht geachtet werden und wenn die persönliche Integrität und Würde tief verletzt wurden. Der Heilungsprozess ist oft begleitet von Schmerz und Trauer. Verachtung kann eine Form der chronifizierten Wut sein und zu einer emotionalen Dauerhaltung werden, wenn man sich den dahinter stehenden Gefühlen (zum Beispiel Schmerz über erlittene Kränkungen) nicht stellt.

ANWENDUNG
Wut ableiten

»Greifen« Sie mit den Zehen den Boden, sodass Sie eine gute Verbindung zum Boden haben. Denken Sie dann an einen Blitzableiter, der die Spannung an den Boden weiterleitet und neutralisiert. Wenn Sie möchten, können Sie dabei auch die Fäuste ballen, um diese dann wieder zu öffnen und loszulassen. Atmen Sie dabei bewusst aus.

Sie können lernen, das entsprechende Gefühl zu differenzieren und zu benennen und auf der Temperaturskala zu regulieren: Schalten Sie – wenn nötig – ein paar Grade herunter.

Wenn Sie dafür etwas Zeit brauchen, ziehen Sie sich an einen angenehmen Ort zurück und stellen Sie sich vor, Sie sind ein prall aufgeblasener roter Luftballon. Atmen Sie dafür einmal tief ein und halten für einen Moment die Luft an. Lassen Sie dann ganz langsam, konzentriert und bewusst die Luft heraus, um dann wieder ruhig tief ein- und auszuatmen.

Neid und Eifersucht

Neid kann als eine spezialisierte Form der Aggression oder des Hasses betrachtet werden. Eifersucht wiederum ist eng mit dem Neid verknüpft. Neid und Eifersucht sind komplexe Affekte, die sich aus primitiven Affekten entwickeln. Die primitiven Affekte sind angeboren. Zu den positiv bewerteten primitiven Affekten zählen Überraschung, Freude oder auch die Triebe (Libido). Zu den negativ bewerteten primitiven Affekten gehören Wut, Ärger, Angst, Ekel oder auch die Aggression.

Unter pathologischen Bedingungen entstehen aus dem normalen Affekt heraus Neid Hass, Leid und Zerstörung. Ein Kleinkind hat noch die Wahrnehmung: »Alles, was ich sehe, gehört mir.« Hinter dem Neid steht ursprünglich im Sinne des Überlebens die Haltung: »Ich will besitzen, was ich brauche, um mich sicher zu fühlen.« Im Laufe der Sozialisierung gewinnt man dann die Haltung: »Solange ich es auch habe, ist es in Ordnung, wenn andere es haben.« Neid kann Ansporn sein und Kreativität fördern: »Ich muss mich bemühen, auch das zu bekommen, was der andere hat.« Bei der Vorstellung, dass man ein begehrtes Gut bekommen kann, wenn man sich nur genug anstrengt, wirkt Neid ehrgeizig-stimulierend. Hat man allerdings keine Vorstellung davon, wie man seinen Wünschen näherkommt, entsteht eher depressiv-lähmender Neid. Wenn Menschen aus Angst vor dem Neid anderer anfangen, ihre Fähigkeiten zu verstecken und ihre Kreativität einzuschränken, dann entwickeln sie sich nicht mehr weiter und es gibt nur noch Mittelmaß.

Hilfreich kann ein Neidgefühl sein, wenn man es als Chance nutzt, um zum Beispiel über folgende Fragen nachzudenken: Mit welchen Menschen vergleiche ich mich und warum tue ich das? Was ist mir persönlich wirklich wichtig? Was mache ich mit meinen Lebensträumen? Wäre ich wirklich glücklicher, wenn ich das besäße, worauf ich neidisch bin? Was macht mich unzufrieden?

wichtig

Bei emotionaler Reife entwickelt sich das Gefühl, dass man nicht alles haben muss, was andere haben. In guten Beziehungen kann sich so auch eine gewisse Zufriedenheit einstellen.

Neid liegt nahe bei der Trauer

Beim Neid geht es auch um den Schmerz über Entgangenes und Vorenthaltenes. Die Trauer dahinter wird allerdings eher durch Entwertungen dessen, worauf man neidisch ist, in Schach gehalten. Auslöser für Neid kann vieles sein, was einen relevanten Wert verkörpert: Erfolge, Besitz, Aussehen, Gesundheit oder auch Glück bei anderen. Neid entsteht dabei oft durch den Vergleich, wozu besonders Menschen neigen, die sich zu kurz gekommen oder zu wenig bestätigt fühlen. Hinter dem Neid verbergen sich Gefühle von Kränkung, Angst, Hilflosigkeit, Ärger oder Feindseligkeit. Uneingestandener Neid kann sehr destruktiv sein. Wenn man sich selbst nicht ausreichend achtet und liebt, sich vielleicht sogar selbst hasst, verlagert man diese belastenden Gefühle auf den erfolgreichen, beneideten Menschen, bei dem man ständig nach Schwachstellen sucht.

Auch wenn Neid und Hass Teil unserer biologischen Grundausstattung sind, können wir doch lernen zu entscheiden, wie wir damit umgehen wollen. Wir können den Neid auch für die Befriedigung unserer Bedürfnisse nutzen und zur Schärfung unseres Realitätssinnes. Neid kann sogar die Chance zu einem Neubeginn sein. Wenn wir jemanden für seine Kreativität und Fähigkeiten bewundern, kann das ein Anreiz sein, die eigenen Talente zu fördern. Dinge, um die wir andere beneiden, weisen uns auf eigene Wünsche und Bedürfnisse hin und wir können nach realistischen Möglichkeiten der Verwirklichung suchen. Wird man selbst beneidet, steckt darin immer auch ein Stück Anerkennung. Im Volksmund sagt man: »Mitleid bekommt man umsonst, Neid muss man sich verdienen.« Ein gutes und stabiles Selbstwertgefühl ist der beste Schutz vor destruktivem Neid. Menschen, die sich ihrer Fähigkeiten bewusst sind und sich mit ihren Stärken und Schwächen annehmen, können konstruktiv mit Neid umgehen. Wer dankbar ist, kann den Neid überwinden.

Eifersucht

Eifersucht ist ebenfalls ein komplexer Affekt. Neid kann sich zu Eifersucht wandeln. Es besteht die schmerzliche Angst, dass ein Rivale das »Liebesobjekt« wegnimmt. Dahinter können Unsicherheit und Minderwertigkeitsgefühle stehen. Aus der Eifersucht können regelrechte Hassgefühle gegen den Rivalen, aber auch gegen das Liebesobjekt selbst, entstehen. Diese Konstellation findet man nicht selten bei Beziehungstaten. Ihre Ursprünge haben die Eifersucht wie auch der Neid in der (sexuellen) Konkurrenz oder auch der Geschwisterrivalität. Die Tendenz zu allgemeiner Aggressivität kann Neid und Eifersucht verstärken. Festzuhalten ist, dass in guten Liebesbeziehungen die Angst vor möglichen Rivalen und ein damit verbundenes Gefühl der Eifersucht als normal angesehen wird. Buddhisten aber würden dies als weniger »normal« betrachten und darin ein Zeichen von »Anhaftung« sehen. Entscheidend ist, wie man mit der Eifersucht umgeht. Man kann sie benennen und ausdrücken, wie verbunden man sich dem anderen gegenüber fühlt. Damit kann man der Eifersucht die destruktive Macht nehmen.

Hass- und Rachegefühle

Hass- und Rachegefühle stehen in enger Verbindung zur Aggression, stellen in der Regel jedoch eine Steigerung dar. Im Hass überwiegt das Gefühl der totalen Ablehnung bis hin zum Wunsch, das verhasste Objekt zu vernichten. Hass kann den Menschen regelrecht auffressen. Wenn man nicht versucht, die Quelle des Hasses aufzuspüren, können Hassgefühle jede Mitmenschlichkeit zerstören. Dahinter stehen nicht selten Gefühle der Ohnmacht und des Ausgeliefertseins, die aber nicht zugelassen werden können. Hass kann man auch als Kehrseite einer verschmähten Liebe oder als Ausdruck mangelnder Liebesfähigkeit anderen Menschen und dem Leben gegenüber verstehen.

Die Wurzeln des Bösen

Völkerkundler beschäftigen sich mit der Stammesgeschichte des Menschen und suchen dabei auch nach den Wurzeln des Bösen. Untersucht man die noch existierenden Naturvölker der Erde, findet man bei sehr vielen Aggression und Gewalt. Fernab der Zivilisation herrschen also keinesfalls überall paradiesische Urzustände. Naturvölker konfrontieren uns mit unserer Vergangenheit jenseits unserer Zivilisation, was durchaus erschreckend sein kann. Woher kommt unser Gewaltpotenzial, das schon in der biblischen Geschichte von Kain und Abel beschrieben ist? Mit dieser Frage beschäftigen sich neben Völkerkundlern Anthropologen, Genetiker, Psychologen, Theologen und viele weitere Berufsgruppen.

Es wäre allerdings zu einfach, wenn man Gewalt allein mit biologischen Programmen erklären würde. Die Sozialisation eines Menschen und die individuellen Lebenserfahrungen spielen sicher ebenfalls eine wichtige Rolle. Wenn die Grundbedürfnisse wie Sicherheit, Versorgung mit den nötigen Nährstoffen, Schlaf und soziale Einbindung nicht befriedigt werden, steigt auch die Gewaltbereitschaft. Eine mögliche Definition für das »Böse« könnte sein, wenn jemand trotz Befriedigung der Grundbedürfnisse und trotz besseren Wissens schlecht handelt und bewusst Gutes und Schönes zerstört.

Pubertät

Entwicklungspsychologisch bedeutet Pubertät Abgrenzung, dazu gehören auch Rebellion und Geheimnisse. Wenn Pubertierende in Innenwelten abtauchen, ist es für Eltern nicht leicht mitzubekommen, was ihre Kinder bewegt. Die Jugendlichen selbst ringen um ihre Identität und größtmögliche Unabhängigkeit, sind gleichzeitig aber so verunsichert, dass sie Orientierung, Geborgenheit und Anerkennung brauchen. Im Laufe der Pubertät nehmen oft Zukunftsängste zu, manchmal entwickelt sich sogar eine Todessehnsucht. Verhaltensforscher werten dies als Spiegel einer großen Sehnsucht nach Liebe. Hinter Rachegefühlen können Gedanken stecken wie: »Jetzt bestrafe ich euch dafür, dass ihr mich nie verstanden habt.« Soziale Beschämung wird vom Gehirn ähnlich verarbeitet wie Schmerz. Für die Eltern geht es um den Balanceakt, Grenzen zu setzen, sich aber gleichzeitig nicht zurückzuziehen. Die Beziehung muss neu definiert werden: Nicht erzieherisch-pädagogisch, sondern emotional begleitend und unterstützend.

Rache

Rache kann auch als die dunkle Seite des Gerechtigkeitssinnes betrachtet werden. Wenn in einer Gemeinschaft viele Egoisten sind, bricht die Kooperation in der Regel schnell zusammen. Die Zusammenarbeit wird dann wieder stabiler, wenn diejenigen, die sich für die Gemeinschaft einsetzen, die Möglichkeit haben, die anderen für ihr Verhalten zu bestrafen.

WISSEN

Amokläufer

Bei aggressiven Menschen findet man die Impulsgestörten, die nach außen lauter und aggressiver wirken, und die eher ruhigen, die im Rückblick als eher unauffällig beschrieben werden. Auch bei den Amokläufern kann man diese zwei Typen finden. Der Amoklauf in Winnenden hat erneut zu Diskussionen geführt, wie es zu solchen Taten kommen kann. Fachleute diagnostizieren bei vielen Tätern einen übersteigerten Narzissmus, der sich bei Misserfolgen und Kränkungen in Ohnmacht und Selbsthass verwandeln kann. Oft entwickeln potenzielle Amokläufer nicht nur Aggressionen gegen die vermeintlich Schuldigen in ihrer Umgebung, sondern auch eine Depression, die etwas mit Autoaggression zu tun hat.

Manche sprechen derzeit nicht nur von einer wirtschaftlichen Krise, sondern sehen eine noch größere moralische Krise. Jahrzehntelang galt in unserer Gesellschaft das Leistungsprinzip. Belohnt wurde Leistung, die der Allgemeinheit nützte, davon sind wir inzwischen weit entfernt. Eine Gesellschaft kann an ihrer Ungerechtigkeit zerbrechen. Wenn das Vertrauen erschüttert ist, kann das Gerechtigkeitsdenken zu Destruktion führen.

Gerechtigkeitssinn

Ein gewisser Gerechtigkeitssinn ist angeboren, der Umgang damit muss jedoch ständig geübt werden. Menschen teilen umso bereitwilliger, je mehr sie das Handeln und Tauschen gewohnt sind. In der Regel machen sie dabei die Erfahrung, dass der Wechsel zwischen Geben und Nehmen für alle Vorteile hat. Was wir als gerecht empfinden, hängt aber oft auch damit zusammen, wie sehr wir vergleichen oder wie viel wir in eine Sache investiert haben. Menschen sind bereiter, ein Geschenk miteinander zu teilen, als von etwas abzugeben, was sie sich erarbeiten mussten. Am unerträglichsten erleben wir, wenn jemand einen Vorteil daraus zieht, dass er andere betrügt. Um einen Betrüger zu bestrafen, nehmen Menschen sogar eigene Nachteile in Kauf.

Mitgefühl

Gesellschaften, in denen man Versprechen hält, funktionieren besser, als wenn jeder nur seinen Vorteil sucht. Teilen aktiviert unser Belohnungssystem im Gehirn und kann für Lustgefühle sorgen. Über die Spiegelneurone kann das Belohnungssystem sogar reagieren, wenn man dabei zusieht, wie ein anderer etwas bekommt. Sich für andere einsetzen kann also glücklich machen, umgekehrt sind glückliche Menschen oft auch selbstloser. Vor allem in buddhistischen Meditationen lernt man, das Mitgefühl zu stärken. Mitgefühl sollte man zunächst für sich selbst empfinden lernen, später für andere Menschen oder Lebewesen. Wem Gutes widerfährt, der kann es auch eher weitergeben.

Der Film: »Das weiße Band«

Umgekehrt gilt: Wer von Kindheit an Gewalt und Ungerechtigkeit erfahren musste, wird das Erlebte mit einer hohen Wahrscheinlichkeit weitergeben. Deutlich wird das unter anderem in dem Film: »Das weiße Band«, einer Geschichte in der Zeit vor dem ersten Weltkrieg. Die damaligen harten Erziehungsmethoden, die von der Gesellschaft als moralisch richtig angesehen wurden, führten bei den betroffenen Kindern zu Grausamkeiten gegenüber Schwächeren (einem behinderten Jungen), aber auch Privilegierten (ein begabter Junge aus adeligem reichem Hause). In dieser engen und starren Gesellschaft, wo die Moral so hoch gehalten wurde, kam es durch hoch angesehene Menschen zu massiven Grenzverletzungen, die sich insbesondere gegen das weibliche Geschlecht richteten (Demütigungen und Inzest). Der Film macht deutlich, wie wenig Zugang diese Menschen (von Ausnahmen abgesehen) zu ihren wahren Gefühlen hatten, wie entfremdet sie sich selbst waren.

Diese Selbstentfremdung beschreibt auch Arno Gruen in seinem Buch »Der Fremde in uns«. Menschen, die keine eigene Identität entwickeln, weil sie von klein auf mit ihrem Eigenen unterdrückt werden, mangelt es an Empathie für sich und andere. Im sozialen Kontakt fehlt es an Authentizität und gegenseitigem Verstehen, was hinter aufgesetzten Rollen und wirkungsvollen Posen durchaus verborgen sein kann. Gefährlich wird diese Selbstentfremdung, wenn die eigene Leere dazu führt, dass man die Lebendigkeit bei anderen zerstören möchte. Arno Gruen sieht in der Person Hitlers einen selbstentfremdeten Menschen, der durch grandiose Posen Menschen in seinen Bann zog, die ebenfalls keine stabile Identität entwickelt haben. Deren Wut richtete sich – ähnlich wie im Film »Das weiße Band« – auf schwächere Gruppen und/oder Menschen mit einer eigenen Identität. Die Zerstörung anderer kann selbstentfremdeten Menschen kurzfristig das Gefühl geben, lebendig zu sein.

Was können wir tun?

Um schon Kindern die Möglichkeit zur Entwicklung einer eigenen Identität zu geben, brauchen diese liebevolle Unterstützung und die Gelegenheit, ihre innere Welt und ihre Fantasie zu erleben. Kreativität kann man zum Beispiel fördern mit Büchern, Erzählungen, Malerei, Beschäftigung mit Pflanzen und Tieren, Bewegung und Musik. Erziehung sollte aus dem Prinzip »folgen und führen« bestehen und lehren, wie man Unsicherheit erträgt, sonst wird Gehorsam zum falschen Ideal erhoben. Im Umgang mit hasserfüllten Menschen sollte man konsequent sein und Grenzen setzen. Das sei die einzige Sprache, die Menschen ohne innere Identität verstehen würden, meint Arno Gruen. Neben der äußeren Abgrenzung geht es auch um die innere Abgrenzung, wenn destruktive Menschen die eigene Lebendigkeit angreifen, sei es aus Neid oder aus Gefühlen der Leere heraus. Filme wie »Das weiße Band«, »Die fabelhafte Welt der Amelie«, »Das Leben ist schön« oder »Die Eleganz der Madame Michel« lehren uns, den eigenen Schmerz wahrzunehmen, das eigene Leben zu führen und sich seine Lebendigkeit nicht nehmen zu lassen.

Ekelgefühle

Das Ekelgefühl entwickelt sich zwischen dem vierten und achten Lebensjahr, denn das Kind muss erst die kognitiven Fähigkeiten zur Unterscheidung von Schein und Wirklichkeit erworben haben, um Ekel zu empfinden. Evolutionär gesehen hat das Ekelempfinden den Vorteil, dass wir uns von ekelauslösenden Dingen möglichst fern halten und damit zum Beispiel die Ansteckungsgefahr bei Krankheiten reduzieren oder verdorbene Lebensmittel meiden. Was als ekelig empfunden wird, ist kulturell sehr unterschiedlich, allerdings gibt es durchaus übergreifende Ekelauslöser. Wir können uns vor Körperflüssigkeiten ekeln, wobei es einen Unterschied macht, ob man den Speichel im Mund herunterschluckt oder den Speichel in ein Glas spuckt, um ihn dann zu trinken. Merken Sie bereits bei der Vorstellung den Unterschied? Wir können uns vor dem Kranken ekeln, aber auch vor dem Unbekannten und Fremden. Verwahrloste und in unseren Augen unglückliche Menschen wie Bettler oder Behinderte können ebenso Ekel auslösen wie das moralisch Verwerfliche (Pädophilie, gewisse sexuelle Praktiken, Folter oder Lügen). Über die Spiegelneuronen wird das Ekelzentrum unseres Gehirns aktiviert, wenn wir nur die Ekelreaktionen anderer beobachten. Erwachsene empfinden den größten Ekel vor zwischenmenschlichen Auswüchsen wie zum Beispiel Kindesmisshandlung. Kinder und Jugendliche sind manchmal noch fasziniert von eigentlich abstoßenden Dingen, was sich unter anderem in ihrer Wortwahl zeigt.

WISSEN

Faszination und Ekel in der Kunst

Auch die Kunst greift die Kombination aus Faszination und Ekel auf, in der Kunsthalle Düsseldorf wurde die Ausstellung »Eating the Universe« gezeigt. Zu sehen waren essbare Materialien, die mit der Zeit vergammeln, Essensreste und schmutziges Geschirr. Der künstlerische Gedanke dahinter ist, das gedankenlose Sattwerden zu karikieren. Auf der anderen Seite kann ein mit Schokolade gestrichener Raum durchaus Glückshormone freisetzen. Es ist ein Spiel mit der Erregung. So können wir aus einem erregten Zustand der Empörung relativ leicht in einen Zustand des Entzückens wechseln.

In den meisten Fällen wird das Gefühl des Ekels negativ, ja sogar abstoßend, bewertet. Am schlimmsten ist es wohl, wenn man sich vor sich selbst ekelt oder wenn man gegenüber nahestehenden Personen Ekelgefühle entwickelt. Hier kommt es oft zur Vermischung mit Schuld- und Schamgefühlen. Vor allem Menschen, die sexuelle Gewalt erlebt haben, empfinden nicht selten Selbstekel und vermeiden, soweit es geht, den Körperkontakt mit sich selbst und anderen. Die Funktion des Ekels besteht in solchen Fällen darin, die Konfrontation mit dem dahinter stehenden Leid zu vermeiden.

wichtig

Ekelgefühle werden besonders gut und intensiv erinnert, sie sind eng mit dem Geruchssinn verbunden. Beim Ekel handelt es sich in der Regel um negative Geruchsassoziationen. Dabei können alle möglichen Reize Teil eines »Ekelnetzwerkes« werden.

Bereits im Kindesalter prägt sich intensiv ein, wenn einem nach einem bestimmten Nahrungsmittel übel wurde oder man sogar erbrechen musste. Nicht selten meidet man das entsprechende Nahrungsmittel ein Leben lang. Auch Krankheit und Alter

ANWENDUNG

Es gibt auch »schön ekelige Dinge« ...

die uns eher wohlig erschauern lassen: Erinnern Sie sich, wie Sie es als Kind oder Erwachsener geliebt haben, im Matsch zu spielen oder barfuß im Watt zu laufen? Mögen Sie es, einen Kuchenteig mit den Händen zu kneten, ihn in alle möglichen Formen zu bringen? Gibt es Nahrungsmittel, die Sie am liebsten ohne Besteck mit den Händen essen? Haben Sie auch schon mal einen Mohrenkopf zwischen zwei Brötchenhälften zerquetscht? Mögen Sie die Ursprünglichkeit eines Bauernhofes, auf dem die Tiere noch frei herumlaufen und der Mist schön stinkt?

Als Anregung empfehlen wir den Film »Emmas Glück«, in dem ein todkranker, fast zwanghaft pedantischer Mann die Sinnlichkeit und das Leben mit der Bäuerin Emma entdeckt. Mit der Krebskrankheit einhergehende Ekelgefühle und Erbrechen des Mannes werden von Emma mit ganz viel Selbstverständlichkeit und Natürlichkeit hingenommen. So wie sie ihren Schweinen höchstpersönlich und mit ganz viel Liebe die Kehle durchschneidet, um danach selbst Würste zu machen, so teilt sie Leben und Tod mit dem geliebten Mann.

bei nahestehenden Menschen oder bei sich selbst können Ekelgefühle auslösen, obwohl man das eigentlich nicht möchte. Hier ist es sicher wichtig, die Körperhygiene aufrechtzuerhalten und sich bei Bedarf auch Hilfe durch Pflegekräfte zu holen, bevor aus dem Ekel Aggression wird.

Es gibt aber auch einen Ekel als Steigerung des Hasses und der Verachtung. Wenn Hitler oder Göbbels von den Juden sprachen, benutzten sie Begriffe wie Parasiten oder Schädlinge, die man ausrotten müsse, was den Holocaust bahnte. Werden Menschen gegenüber solche Ekelgefühle zugelassen, wird deren Leben nicht mehr viel Wert zugemessen.

Gefühle bewusster leben

Gefühle können eine Ressource, eine Kraftquelle sein. Sie können uns leiten. Dazu müssen wir sie jedoch wahrnehmen und differenzieren. Und es gilt, Wege zu finden, um sie angemessen auszudrücken und unangenehme Gefühle auszuhalten.

Wahrnehmen

Es ist nicht leicht, alle Gefühlszustände gleichermaßen zu spüren und anzunehmen. Oft haben wir »Lieblingsgefühle«, die wir gern fühlen und auch zeigen. Doch was ist mit den anderen? Einige Gefühle warten nur darauf, endlich entdeckt und gelebt zu werden. Andere sind sehr tief vergraben und verschüttet. Es braucht Zuwendung, Sicherheit und oft auch therapeutische Unterstützung, um sich mit schmerzlichen Gefühlen auseinanderzusetzen.

Wie sieht es bei Ihnen aus?
- Gibt es Gefühle, die Sie besonders gut wahrnehmen und ausdrücken können? (z. B. Freude, Wut, Angst)
- Mit welchen Gefühlen haben Sie Schwierigkeiten? (z. B. Scham, Neid)
- Gibt es bei anderen Menschen Gefühle, die Ihnen Schwierigkeiten bereiten? (z. B. Aggression, Trauer, Eifersucht)

Das Wahrnehmen von Emotionen und Empfindungen trägt wesentlich zu einem gesunden Selbstbild und Selbstwertgefühl bei. Erfahrungen von Erfüllung, Freude, Sinn und Aufgehobensein sind Voraussetzungen, um überhaupt belastende Gefühle zulassen und wahrnehmen zu können. Der Zugang zu den eigenen Gefühlen ist wiederum die Voraussetzung, um Beziehung zu anderen aufnehmen zu können. Empfindungen nehmen wir im Gegensatz zu Emotionen über den Körper wahr, zum Beispiel in Form von Spannungszuständen. Bei Empfindungen handelt es sich um physiologische Ereignisse in unserem Inneren wie Wärme, Schwitzen, Aufregung. Empfindungen können als körpergewordene Gefühle verstanden werden. Wenn man voller Angst ist, kann man sich wie gelähmt fühlen. Unruhe kann ein körperliches Signal für Wut sein. Übererregungszustände können im Körper regelrecht gebunden werden, sodass man nicht in der Lage ist, diese Gefühle umzuwandeln und angemessen zum Ausdruck zu bringen.

Bei traumatisierten Menschen wird der Körper von Empfindungen oft regelrecht überfallen. Bereits auf minimale Reize können sie sensitiv so reagieren, als ob ihr Leben in Gefahr sei. Das Denken (über den Kortex) wird in diesem Mauern von Angstgefühlen (über die Amygdalae) überdeckt. Die Energie, die während des traumatischen Geschehens nicht entladen werden konnte, bleibt im Körper eingeschlossen und sucht sich irgendwann andere Wege, möglicherweise in anhaltenden Körperbeschwerden, in Aggressionen oder in Suchtverhalten. Mit zunehmendem Einfluss auf Emotionen und Empfindungen wächst das Gefühl der Selbstwirksamkeit und ebnet den Weg aus der Opferrolle in die des aktiv Handelnden.

Wie kann man schmerzliche Gefühle zulassen?

Was kann helfen, sich selbst besser zu verstehen und schmerzliche Gefühle zuzulassen und zu regulieren? Es ist gut herauszufinden, was den eigenen Stresspegel ansteigen lässt. Was löst Angst oder Wut oder Gefühle der Ohnmacht aus? Vielleicht ist es schwer auszuhalten, mit diesen Gefühlen in Kontakt zu kommen, insbesondere, wenn man sich mit seiner Not alleine fühlt. Häufig werden Ängste durch aggressives Verhalten ausgedrückt, wie es in dem Begriff »Angstbeißer« zum Ausdruck kommt. Auch Gefühle der Trauer bleiben oft verschlossen, weil man den Schmerz nicht fühlen möchte. Dieser äußert sich dann nicht selten über den Körper.

Selbstberuhigung. In einem ersten Schritt kann es darum gehen, die eigenen Fähigkeiten zur Selbstberuhigung weiterzuentwickeln. Über das Denken und die Vorstellungskraft kann man sich zum Beispiel einen »inneren sicheren Ort« schaffen. Auch Alltagsrituale wie Kochen, Essen, Zähneputzen oder Ordnung schaffen können beruhigend wirken, Halt und Struktur vermitteln. Wichtig ist hierbei jedoch, diese Tätigkeiten mit einer achtsamen Haltung im Hier und Jetzt auszuführen. Wenn Vertrauenspersonen gerade real nicht verfügbar sind, kann man in Gedanken einen inneren Dialog führen und sich fragen, was man jetzt braucht und wie man gut für sich sorgen kann.

Gefühl beschreiben. Ein weiterer Schritt kann sein, die Körperempfindungen mit Worten zu beschreiben. Eine Lähmung im Kopf kann sich wie Nebel anfühlen. Man könnte versuchen, diesen »Nebelkloß« zu bewegen und ihn kleiner zu machen. Man könnte auch über den Zorn im Körper sprechen, über die Stelle, wo er sich befindet, seine Größe, Form, Farbe und sein Gewicht. Wenn man sich dem Körper und dem Gefühl zuwendet, nimmt man sich selbst ernst und das kann etwas, was vorher wie eingefroren war, bewegen. Letztendlich geht es darum, darauf zu achten, wie Dinge sich anfühlen und wie der Körper darauf reagiert. Man kann sich die körperlichen Reaktionen wie eine Art Zeichensprache vorstellen: Die Faust, die geballt wird, der Kloß, der im Hals steckt, die Anspannung des Körpers, der die Energie nicht freigeben kann. Für diese angesammelte überschüssige Energie braucht es eine Ableitung, oft hilft dabei, in Bewegung zu kommen.

Sich selbst verstehen. Das Selbst-Verstehen kann unterstützt werden, wenn man sich fragt, warum man bestimmte Dinge tut und welche Funktion dieses Verhalten haben könnte. Auch wenn bestimmte Verhaltensweisen auf den ersten Blick selbstzerstörerisch wirken, können sie doch etwas abwehren, was bedrohlich erscheint. Einer Heißhungerattacke nachgehen kann kurzfristig die innere Leere und Bedürftigkeit abdecken. Übermäßig Alkohol trinken kann zu belastende Gefühle betäuben. Etwas kaputt machen kann ein Ausdruck von Gegenwehr sein, wo man sich früher vielleicht nicht wehren konnte. Man nennt solche Verhaltensweisen dysfunktional, weil sie nur kurzfristig helfen und langfristig zu noch mehr Problemen führen. Wenn man sein Verhalten durchschaut, kann man es auch als veränderbar erkennen. Der Essanfall kann zeigen, dass man gut für sich sorgen muss. Die Betäubung durch Alkohol oder andere Drogen kann deutlich machen, dass man überfordert ist und vielleicht Hilfe durch andere Menschen braucht und auch bekommen könnte. Aggression hat etwas mit Kampf zu tun, man müsste sich angemessener wehren können. Solche Erkenntnisse können helfen, sich und andere erst einmal nicht zu verurteilen, sondern sich annehmend zuzuwenden.

Genauso wichtig wie die Frage nach den schmerzlichen Gefühlen ist die nach den heilsamen und freudigen.

Wenn Sie sich die Frage stellen, wer Sie eigentlich sind, können Sie sich in verschiedenen Selbstzuständen sehr unterschiedlich erleben. Sie können ein Denker sein, ein Träumer, ein Kämpfer, ein Angsthase und vieles mehr. Und Sie können sich fragen, was Sie in unterschiedlichen Gefühlslagen brauchen: Was Sie beruhigt, tröstet, unterstützt.

ANWENDUNG

Wie fühlt es sich an, wenn ...

Wenn Sie möchten, probieren Sie doch mal aus, wie es sich anfühlt, wenn

- Sie leicht lächeln.
- Sie Ihr Gefühl als Welle wahrnehmen.
- Sie sich etwas Gutes tun.
- Sie entgegengesetzt handeln: Sagen Sie »Nein«, wo Sie sich sonst untergeordnet haben.
- Sie etwas machen, was Sie noch nie gemacht haben. (So wie Audrey Hephurn in dem Film »Frühstück bei Tiffany«. Originelle Anregungen finden Sie auch in dem Film »Die fabelhafte Welt der Amelie«.)
- Sie Ihrem Gefühl eine Farbe / Form geben.
- Sie die Energie umwandeln wie ein Transformator (zum Beispiel Wut in Bewegung umsetzen).

Ein Gefühl kann relativ schnell in ein anderes übergehen, es kann sich steigern oder abschwächen. So gibt es regelrechte Emotionsfelder oder Emotionsketten aus Emotionen, die eng miteinander verbunden sind. Beispiele sind:

- Hoffnung – Freude – Begeisterung
- Ärger – Wut – Hass – Verzweiflung
- Stolz – Schuld – Scham

Sie können sich überlegen, welche Emotionsketten bei Ihnen häufig sind. Gibt es in Ihrem Leben vorherrschende Grundthemen? Was sagen diese über Sie aus?

Die Rolle der Bewegung

Das Bewusstsein von einem Selbst wird wesentlich durch motorische Prozesse geprägt. Dazu gehören Bewegungserleben, Koordination, motorische Fähigkeiten, die Erfahrung von Schwerkraft und Lebendigkeit. All diese Erfahrungen macht das sich motorisch entwickelnde Kleinkind in den ersten Lebensjahren. Damasio spricht von einem »gefühlten Kernselbst«, das sich in dieser Phase formt. Bis in das dritte Lebensjahr, also einer wichtigen Zeit der Reifung eines Ich-Gefühls, zeigt die rechte Hirnhälfte gegenüber der linken ein größeres Volumen und einen deutlichen Entwicklungs- und Reifungsfortschritt. In dieser Zeit bildet sich das Selbstgefühl des Kindes, das geprägt ist durch das Erleben des eigenen Körpers und der dort gefühlten Emotionen.

Wie bereits Freud bezeichnet Hüther dieses ursprüngliche Bewusstsein von sich selbst als »Körperselbst« und sieht darin die Grundlage eines im Laufe des Lebens zunehmend differenzierteren Selbstbildes und einer bewussten Selbstreflexion. Wird dieser gesunden Entwicklung zu wenig Raum gegeben, kann es zur Selbstentfremdung kommen, was den Zugang zum eigenen Körper mehr oder weniger blockiert. Einwirkungen von außen können die eigene Lebendigkeit unterdrücken. Dann geht es darum, wieder Zugang zum Körper zu bekommen, wofür Bewegung eine wesentliche Rolle spielt.

Wenn man sich bewegt, bewegt man nicht nur den Körper, sondern auch den Geist. Durch körperliches Training wird ein natürliches Antidepressivum erzeugt, das »nerve growth factor inducible protein« (VGF), ein Protein, das das Nervenwachstum fördert und vor Hirnabbauprozessen schützt.

Gemeinsames Tanzen schafft beispielsweise soziale Kontakte, trainiert die Koordination und wirkt durch die Kombination aus Bewegung und Musik doppelt antidepressiv. Suchen Sie sich die Art von Bewegung aus, die Sie gerne machen und die zu Ihnen passt.

Sich selbst finden durch Achtsamkeit

Achtsamkeit ist ein Bewusstseinszustand. Man richtet seine Aufmerksamkeit auf das momentane Erleben. Man beobachtet gleichsam Gedanken, Gefühle und äußere Eindrücke. Dabei nimmt man wahr, ohne zu bewerten. Man versucht, eine offene, annehmende und akzeptierende Haltung zu bewahren. Wenn sich wertende oder verurteilende Gedanken einschleichen, so nimmt man auch diese wahr und lässt sie vorüberziehen, wie Wolken am Himmel.

Jeden Tag wälzt ein Mensch etwa 60 000 Gedanken. Wie unruhig der Geist ist, merkt man, wenn man zu meditieren versucht. Es mag vielleicht nicht so schwierig sein, sich für einen Moment nur auf das Augenblickliche zu konzentrieren. Diese Haltung aber über längere Zeit im Alltag aufrechtzuerhalten, erfordert Übung.

wichtig

Achtsamkeit beinhaltet eine offene, unvoreingenommene Geisteshaltung, die die Aufmerksamkeit auf das Hier und Jetzt lenkt, auf das aktuelle Tun. Dazu gehören auch momentane Gefühle und Körperempfindungen, ohne diese zu bewerten. Je achtsamer man ist, desto besser kann man lernen, seine Emotionen zu regulieren.

Achtsamkeit ist ein allgemeines menschliches Gut und nicht an eine bestimmte geistige Tradition gebunden. Jedoch sind die meisten Techniken dem Buddhismus entlehnt, weil die Buddhisten sich mit der Geistesschulung der Achtsamkeit seit zweieinhalb Jahrtausenden beschäftigen. Der US-Neuropsychologe Richard Davidson erforschte die Hirnaktivität von buddhistischen Mönchen und von Firmenangehörigen nach einem Meditationstraining und zieht daraus den Schluss, dass Achtsamkeit und regelmäßiges Meditieren helfen können, belastende Gefühle besser zu verarbeiten. Bei erfahrenen Meditierenden wurde im Experiment eine größere Aktivität im linken Stirnhirn nachgewiesen, einem Gehirnareal, das mit angenehmen Empfindungen wie Glück, Freude und Zufriedenheit in Verbindung gebracht wird. Vermutlich können wir also durch ein auf das Gehirn einwirkendes Geistestraining einen Zustand des Glücks bewusst kultivieren. Man kann davon ausgehen, dass der Geist durch Gewöhnung lernt, Fähigkeiten wie Aufmerksamkeit, logisches Denken und Vorstellungskraft immer mehr zu verbessern. Achtsame Menschen besitzen eine ausgeprägte Sensibilität gegenüber allem, was in ihrem Geist und ihrer unmittelbaren Umgebung geschieht – auch wenn es unbedeutend erscheinen mag. Wer Wesen und Eigenschaften eines Objekts mit großer Präzision untersucht, gewinnt neue Einsichten. Allerdings gibt es Einschränkungen: Akut erkrankte und schwer gestörte Menschen sind damit deutlich überfordert, denn Meditation erfordert Konzentrationsfähigkeit und Durchhaltevermögen. In jedem Fall kann man durch Achtsamkeit seine Wahrnehmung verändern.

Achtsamkeit ist eine Geistespraxis, in der man sich mit etwas vertraut macht. Das kann ein äußeres Objekt sein, aber auch eine innere Erfahrung. Achtsamkeit hat mit Konzentration und einer gewissen Bemühung zu tun, sie lässt uns tief in die Natur einer Sache oder einer Erfahrung vordringen. Achtsamkeit beinhaltet die Fähigkeiten Beobachten, Beschreiben, mit Aufmerksamkeit handeln und akzeptieren ohne Bewertung, also Dinge so sein lassen können, wie sie sind. Es geht um eine Veränderung der Beziehung zum Erlebten, nicht um die Veränderung des Erlebten selbst. Darüber hinaus geht es in einigen buddhistischen Schulen darum zu erkennen, was heilsam ist.

ANWENDUNG

Achtsamkeitsübungen

Man kann sich beispielsweise etwas in Achtsamkeit schulen, indem man sich auf das Ein- und Ausatmen konzentriert: Nehmen Sie Ihren Atem vom Beginn des Einatmens bis zum Ende des Ausatmens Atemzug für Atemzug achtsam wahr. Wenn Sie merken, dass Sie an einem Gedanken hängenbleiben, bringen Sie Ihre Aufmerksamkeit einfach zurück zum Atem. Man kann üben, kleine Alltagstätigkeiten achtsam auszuführen:

- Versuchen Sie einmal, sich achtsam die Zähne zu putzen und dabei ganz im Hier und Jetzt zu sein.
- Sie können auch achtsam die Spülmaschine ein- oder ausräumen, das Geschirr in Ihrer Hand spüren, die dabei entstehenden Geräusche hören.

Haben Sie schon einmal achtsam geputzt, sich darüber gefreut, wie die Fläche danach glänzt oder wie Sie Dinge beim Abstauben bewusster wahrnehmen?
Diese Art des Bemerkens kann dann später genutzt werden, Heilsames immer genauer zu erkennen.

Genießen mit allen Sinnen

Genießen können ist nicht selbstverständlich, wie andere Fähigkeiten muss es trainiert werden. Deshalb spricht man auch von Genusstraining. Meist machen wir mehrere Dinge gleichzeitig: Wir lesen beim Frühstück die Zeitung, fahren mit dem Auto durch schöne Landschaften und hören Radio oder sitzen am PC mit Kaffee und Kuchen. Durch die vielen Parallelreize kommt der Genuss dabei womöglich zu kurz. Genuss wird in der Regel mit angenehmen Gefühlen gleichgesetzt: Freude, Wohlfühlen, Entspannen. Voraussetzungen für echten Genuss sind Achtsamkeit, Zeit, Gefühle und Bedürfnisse und nicht zuletzt auch die Fähigkeit zum Bedürfnisaufschub, was die Vorfreude größer macht.

Wenn wir mit Achtsamkeit und Zeit an eine Sache herangehen, lenken wir die Aufmerksamkeit auf den aktuellen Moment. Wer achtsam ist, spart Zeit, denn in der Hektik des Alltags passieren auch mehr Missgeschicke. Genießen können wir die Dinge, die unseren Bedürfnissen entsprechen. Um unsere Bedürfnisse besser wahrnehmen zu können, ist es hilfreich, Gefühle benennen zu können. Letztendlich beurteilen wir jede neue Situation nach unseren Gefühlen. Angenommen, Sie kommen nach einem anstrengenden Arbeitstag nach Hause und sehnen sich nach Ruhe und Entspannung. Stattdessen möchte die Familie aber, dass Sie sich für deren Erlebnisse und Anliegen interessieren, worauf

Sie gereizt reagieren. Wenn Sie bereits vorher wahrnehmen, was Sie brauchen, können Sie das der Familie ankündigen und ihr nach einer Entspannungsphase gemeinsame Zeit in Aussicht stellen.

Zum Genießen können wir unsere fünf Sinne einsetzen, meist mischen sich mehrere Sinne. Wir sehen, hören, tasten, riechen und schmecken. Beim Genusstraining versucht man, die Sinne auch einzeln zu trainieren.

- Riechen ist selbst Menschen mit einer schweren Depression noch zugänglich. Gerüche können eine anregende Wirkung haben, insbesondere, wenn Sie mit angenehmen Erinnerungen verknüpft sind.
- Tasten ist ebenfalls leichter zugänglich und selten negativ besetzt.
- Appetit und Geschmackserleben hingegen können schon bei einer leichteren Depression zurückgehen.
- Zu den dominanten Sinnen zählt das Sehen, was 70 bis 80% unserer Wahrnehmung beeinflusst. Depressive erleben über den Sehsinn nicht selten eine Reizüberflutung.
- Auch das Hören wird bei depressiven Menschen oft als störend empfunden, ähnlich kann es Menschen mit einem Burnout-Syndrom gehen.

Als einen sechsten Sinn kann man den intellektuellen Sinn begreifen. Damit gemeint sind unsere Gedanken und Bewertungen. Auch Denken kann genussvoll sein: Wenn wir ein Buch lesen, dessen Inhalt uns fasziniert, wenn wir uns mit Kunst beschäftigen oder einer angeregten Diskussion folgen. Wohlbefinden und Genuss entstehen auch, wenn wir Dinge verstehen und neue Entdeckungen machen.

Im Folgenden geben wir Ihnen einige Anregungen zu den einzelnen Sinnen.

Riechen

Das Riechhirn steht in enger Verbindung zum »limbischen System«, welches vor allem für die Verarbeitung von Emotionen zuständig ist. Beim Genießen geht es in erster Linie um angenehme Düfte, wie zum Beispiel ätherische Öle, frische Kräuter, ein gutes Parfüm, frisch gebrühter Kaffee oder Tee und vieles mehr. Welcher Geruch lässt Sie lustvoll die Augen schließen? Kann ein weiterer Sinn den Genuss noch erhöhen?

Tasten

Durch Tasten und Fühlen werden viele Sinneseindrücke gleichzeitig vermittelt: Größe, Oberflächenbeschaffenheit, Temperatur, Material etc. Mit geschlossenen Augen können wir uns noch besser auf das Tasten konzentrieren. Zum Tasten stehen uns viele Werkzeuge zur Verfügung: Hände, Füße, Lippen, Zunge und Mundhöhle. Letztere spielen beim Essen eine wesentliche Rolle.

- Nehmen Sie einen Handschmeichler aus Stein oder Holz.
- Gehen Sie mit nackten Füßen über Sand, Rasen oder einen Waldboden.

- Nehmen Sie ein Schaumbad und cremen Sie sich anschließend mit einer Körperlotion ein.
- Welches Tast- oder Fühlerlebnis ruft bei Ihnen Wohlbefinden hervor?

Schmecken

Beim Schmecken können wir die Qualitäten süß, sauer, bitter und salzig unterscheiden. Um Essen wirklich zu genießen, brauchen Sie Zeit zum Kauen und Schmecken. Essen Sie nach Möglichkeit nur, was Ihnen schmeckt und nehmen Sie dann Geschmack und Konsistenz genussvoll wahr.

Es gibt Nahrungsmittel, die »summen«, das heißt, Sie haben ein Bedürfnis danach, das von innen kommt. Ihnen ist zum Beispiel in einer bestimmten Situation nach etwas Süßem/Weichem zumute oder nach etwas Herzhaft/Deftigem. Vielleicht handelt es sich sogar um ein ganz bestimmtes Nahrungsmittel, mit dem Sie gute Erinnerungen verknüpfen. So ging es dem hochanspruchsvollen und sehr kritischen Testesser in dem Zeichentrickfilm »Ratatouille«. Dieses relativ »einfache« Essen löste bei ihm Erinnerungen an seine Kindheit und Gefühle der Geborgenheit aus.

Oft greifen wir auf die Nahrungsmittel zurück, die »winken«: Der Geruch aus der Bäckerei nach frischen Brötchen, wenn wir vorbeigehen, oder die gebrannten Mandeln auf dem Weihnachtsmarkt ... Das Bedürfnis danach kommt von außen und entsteht, selbst wenn wir vorher gar keinen Appetit darauf hatten.

Welche Nahrungsmittel »summen« bei Ihnen, welche »winken« eher? Wenn Sie unterscheiden können, welches Nahrungsmittel Ihnen wirklich in einer bestimmten Situation entspricht, kann Ihnen das auch bei Essstörungen und Gewichtsproblemen eine Hilfe sein. So können Sie lernen, Essen wieder zu genießen und Ihre Bedürfnisse zu befriedigen.

Sehen

Unser Sehsinn unterliegt vielen subjektiven Einflüssen, nicht umsonst spricht man von optischen Täuschungen. Unsere optische Wahrnehmung ist geprägt von unseren Vorerfahrungen, unserer Befindlichkeit und unseren Bedürfnissen. Wir sehen Farben, Strukturen, Bewegungsabläufe. Wer mit offenen Augen durch den Alltag geht, kann viele farbenfrohe und bewegte Genussmomente erleben. Mit Ihrer Fähigkeit zur Imagination können Sie auch innere Bilder sehen: Einen Wohlfühlort, schöne Erinnerungen an frühere Erlebnisse oder Zukunftsträume. Ihrer Fantasie sind keine Grenzen gesetzt.

Hören

Hören können Sie die Musik, aber auch viele alltägliche Geräusche und Klänge (Windrauschen, Vogelstimmen, Regenplätschern, Kirchenglocken, spielende Kinder, Straßenlärm). Auch Stille ist hörbar. Beim Hörsinn spricht man vom intellektuellsten Sinn des Menschen. Was individuell als angenehmes Hörerlebnis empfunden wird, ist sehr unterschiedlich und auch abhängig von der Situation und der Gefühlslage.

Oft suchen wir Musik nach unserer Stimmung aus: Wenn es uns gut geht, hören viele eher lautere lebhafte Musik, wenn wir traurig sind, eher leisere, getragenere Töne. Umgekehrt kann das Hören bestimmter Musik unsere Stimmung beeinflussen. Musik kann unseren Gefühlen Ausdruck und Raum geben, ausklingen und wieder einem anderen Gefühl Platz machen. Musik gehört für die meisten Menschen – ähnlich wie die Natur – zu den wichtigsten Ressourcen überhaupt.

Welches Lied oder Musikstück passt zu Ihrer Stimmung, wenn Sie traurig, wütend, glücklich, sehnsüchtig oder eifersüchtig sind? Das Gefühl der Eifersucht beispielsweise wird lebensnah, nicht ohne Humor, von Herbert Grönemeyer in seinem Lied »Was soll das?« besungen.

»Genussregeln«

Wichtig ist, sich Genusspausen im Alltag zu erlauben. Nehmen Sie sich Zeit zur Langsamkeit und zum Verweilen. Erleben Sie Momente im Hier und Jetzt. Achten Sie auf folgende »Genussregeln«:

- Genuss braucht Zeit.
- Genuss muss erlaubt sein.
- Genuss geht nicht nebenbei.
- Wissen, was einem guttut.
- Weniger ist mehr.
- Ohne Erfahrung kein Genuss (Lernen zu differenzieren, Rituale).
- Genuss ist alltäglich.
- Vorübergehender Verzicht kann den Genuss erhöhen. (Der heiße Tee schmeckt besser nach einem Spaziergang in der Kälte.)

Ideen für Genussmomente

Lassen Sie sich von einigen Ideen für Genussmomente inspirieren, um für sich selbst das Passende zu finden:

- Zeit zum Lesen haben.
- Nach dem Winter wieder zum ersten Mal im Freien sitzen.
- Der Geruch von selbstgebackenem Kuchen.
- Die Entspannung nach dem Sport oder der Sauna.
- Ein frischer Blumenstrauß auf dem Tisch.
- Jemanden streicheln oder von jemandem gestreichelt werden.

Stellen Sie fest, dass es noch viel mehr Genussmomente gibt?

Differenzieren

Reagieren Sie in bestimmten Situationen immer wieder unangemessen emotional? Werden Sie beispielsweise grundsätzlich furchtbar wütend, wenn Ihr Partner zu spät nach Hause kommt? Dann könnte ein emotionales Muster dahinterstecken. Es ist nicht die aktuelle Situation, auf die Sie reagieren, sondern es läuft ein Schema ab, das sich in Ihrer Kindheit herausgebildet hat. Wie erkennt man aber solche »alten Gefühle und Muster«, wie kann man zwischen »alt« und »aktuell« differenzieren?

Kinder brauchen Bindung, Sicherheit und Orientierung. Werden diese kindlichen Grundbedürfnisse gestillt, können sich Autonomie und Selbstwert entwickeln. Werden sie nicht angemessen erfüllt, entstehen eher ungünstige emotionale Muster – »Gefühlsnetzwerke« von Angst und Unsicherheit. Wenn beispielsweise frühere Erinnerungen mit dem Gefühl verbunden sind, jeden Moment angegriffen zu werden, befinden sich Körper und Geist in einem chronischen Stresszustand.

ANWENDUNG

Was hätte ich als Kind gebraucht?

Wie kann man nun als Erwachsener mit ungünstigen emotionalen Mustern umgehen, die aus der Kindheit stammen? Zunächst geht es ums Spüren und Innehalten, um sich der Gefühle gewahr zu werden. Nehmen Sie die Gefühle in der aktuellen Situation so achtsam und bewusst wie möglich wahr. Sie können dabei auch die Augen schließen. Wandern Sie gedanklich zurück in Ihre Kindheit. In welchen Situationen haben Sie sich so gefühlt, wie Sie sich jetzt fühlen? Was hätten Sie damals gebraucht? Wie haben Sie empfunden? Können Sie es laut aussprechen? Sprechen Sie mit Ihrer imaginierten Bezugsperson, was durchaus mit Angst verbunden sein kann. Gelingt es, die Bedürfnisse, gegebenenfalls wiederholt, laut und deutlich auszusprechen, ändert sich das Selbst- und Körpererleben. Mit diesem veränderten Gefühl wechseln Sie wieder in die Ausgangssituation zurück und versuchen, in gleicher Weise Ihre aktuellen Bedürfnisse auszudrücken. Was brauchen Sie jetzt? Vergleichen Sie das Erleben vorher und nachher. Aus der Lernerfahrung kann eine neue innere Haltung entstehen, die die alten Grundannahmen ersetzt.

Gefühle, die eigentlich zur Vergangenheit gehören, können bei entsprechenden Erinnerungsreizen in der Gegenwart wieder ausgelöst werden, selbst wenn die äußere Situation jetzt eine ganz andere ist.

Vielleicht kennen Sie den Film »Wie im Himmel«. Ein erfolgreicher Dirigent erleidet einen Herzinfarkt und kehrt in das Dorf seiner Kindheit zurück. Dort leitet er einen Chor, der alles andere als professionell ist. Zwischen ihm und den einzelnen Chormitgliedern entwickeln sich echte und tiefgehende Beziehungen mit viel Entwicklungspotenzial. Der ehemalige Dirigent erinnert sich dabei immer wieder an frühere, für ihn traumatische Erfahrungen: Wie er als Kind von anderen Kindern verprügelt wurde und wie verlassen er sich dabei gefühlt hat. Wie er als junger Mann Zeuge war, als seine Mutter bei einem Verkehrsunfall ums Leben kam. Zuvor hatte sie ihm noch zugewinkt und nicht auf den Verkehr geachtet, weshalb er sich schuldig an ihrem Tod fühlte. Durch die Liebe und das Vertrauen im Kontakt mit den Menschen gestärkt, kann er sich seinen »verletzten Teilen« von früher liebevoll zuwenden. Am Ende des Films nimmt er sein »verletztes inneres Kind« auf den Arm und findet sich selbst und seinen Frieden, bevor er stirbt.

Veränderung in fünf Schritten

1. **Benennen:** Der erste Schritt beim Überwinden von emotionalen Mustern ist das Benennen; das heißt, man drückt seine Gefühle mit Worten aus. Zum Beispiel: »Ich merke gerade, dass ich wütend werde.« Durch diesen Schritt ist die bewusste kortikale Regulationsebene gleichzeitig mit den emotional gesteuerten Erlebensprozessen aktiviert.
2. **Erkennen:** Als zweiter Schritt versucht man sich klarzumachen, dass die aktuellen Gefühle nicht vom Gegenüber »gemacht« werden, sondern dass eine schlummernde Reaktionsbereitschaft aktiviert wird. Auch hier ein Beispiel: Eine Frau wird immer unruhig, wenn ihr Partner später als angekündigt nach Hause kommt und macht ihm Vorwürfe, wenn er dann eintrifft. Anstatt ihren Ärger wie früher am Partner auszulassen, kann sie mithilfe der obigen Imaginationsübung erkennen, dass dahinter Verlassenheitsängste aus der Kindheit stehen. Das Wissen um die »alten Schubladen« hilft, die Wucht der aktuell aktivierten Emotion zu lenken und eine erwachsenere Lösung anzustreben. Die Erkenntnis erleichtert es, sich von der Macht der Emotionen zu distanzieren und sie als »alt« zu etikettieren.
3. **Anerkennen:** Der dritte Schritt ist das Anerkennen. Man übernimmt selbst die Verantwortung für die Veränderung des Verhaltensmusters, anstatt vom Partner ein anderes Verhalten zu erwarten. Dabei muss die Frau im obigen Beispiel vor dem Hintergrund ihrer Grundbedürfnisse und Ziele prüfen, was sie wirklich

will. Statt darauf zu bestehen, dass der Partner pünktlich sein müsse, kann sie ihn bitten, ihr Bescheid zu sagen, wenn er sich verspätet. Dann kann sie sich entspannter ablenkenden Aktivitäten zuwenden.

4. **Trennen:** Man lässt die automatisierten, alten Bewältigungsmuster (zum Beispiel das Streiten mit dem Partner, wenn er zu spät kommt) los, man trennt sich von ihnen. Das gelingt aber erst, wenn man verstanden hat, dass in der gegenwärtigen Aktivierung »die Schatten der Vergangenheit« wieder auftauchen.
5. **»Einbrennen«:** Der fünfte Schritt ist das »Einbrennen«. Man übt gezielt die erwachsenen Verhaltensweisen ein (zum Beispiel sich ablenken). Wenn man bewusst auf die Effekte dieses neuen Verhaltens achtet, lernt man besser zu unterscheiden. So erkennt die Frau vielleicht, dass ihr Partner gar nicht so vernachlässigend ist, wie es früher die Eltern waren.

Um sich die Erfolge neuer Lösungen einzuprägen, kann ein »Schema-Tagebuch« hilfreich sein. Dabei kann schon das Wissen, dass man am Abend beim Tagebuchschreiben auf den Tag zurückblickt, seine Schatten vorauswerfen. Man denkt sich vielleicht schon tagsüber: »Was werde ich wohl über diese Situation in mein Tagebuch schreiben?«

Die Umlenkung in ein neues Denk- und Verhaltensmuster erfolgt durch den Dreischritt Selbstaufmerksamkeit – innere Dialoge – Tagebuch. Bei der sogenannten Mentalisierungsfähigkeit handelt es sich um die Fähigkeit, emotionales Erleben in Worte zu fassen und sich davon ausgehend erwachsenengemäß zu verhalten.

Wie entstehen die Muster?

Ausschlaggebend für die Ausbildung wenig realistischer und nicht hilfreicher Schemata (dysfunktionaler Schemata) sind biografische Erfahrungen. Wenn man schon als Kind von der zentralen Bezugsperson nur negative Rückmeldungen bekommen hat, werden diese die Haltung sich selbst und anderen gegenüber beeinflussen (zum Beispiel: »Ich bin ein Versager.«). Es gibt Zusammenhänge zwischen dem emotionalen Befinden und der Nichtbefriedigung oft unbewusster Bedürfnisse. Zu erkennen, was man wirklich braucht oder früher gebraucht hätte, kann helfen, die durch alte Muster ausgelösten Reaktionen zu identifizieren und zu durchbrechen.

Hilfreiche Fragen. Um Ihre emotionalen Reaktionen besser zu verstehen, können Sie sich folgende Fragen stellen:

- Passt mein tiefstes Gefühl zu der aktuellen Situation?
- Fühlt sich dieses Gefühl wie eine Reaktion auf frühere Ereignisse an? Ist es ein vertrautes, festgefahrenes Gefühl?

ANWENDUNG

»Alte Gefühle« erkennen und verändern

Um »alte Gefühle« zu erkennen und zu verändern, können Sie ein Ein-Personen-Rollenspiel durchführen:
Dafür nehmen Sie zwei Stühle, die sich gegenüber stehen und wechseln jeweils zwischen zwei Positionen. Auf dem einen Stuhl vertreten Sie Ihre bisherigen Annahmen, die nicht funktionieren (das dysfunktionale Schema). Auf dem anderen Stuhl nehmen Sie die Position Ihres eigenen Therapeuten ein, finden entsprechende Gegenargumente und hinterfragen bestimmte Annahmen. Die räumliche Trennung der beiden Positionen durch die verschiedenen Stühle soll helfen, sich von seinem eigenen Überzeugungssystem zu distanzieren. Dadurch, dass man einerseits die Rolle des »Patienten« einnimmt, andererseits die des eigenen »Therapeuten«, konfrontiert man sich selbst und kann dabei gezielt Ressourcen aktivieren.

- Hilft mir der Ausdruck dieses Gefühls, meine Ziele zu erreichen?
- Verbirgt sich hinter diesem Gefühl noch etwas anderes? Übergehe ich die Traurigkeit, indem ich ärgerlich reagiere?
- Verfolge ich mit meinem Gefühlsausdruck bestimmte Absichten? Will ich zum Beispiel Mitleid erregen?

Ziel ist, mit sich selbst und seinen Gefühlen in der Gegenwart anzukommen, in diesem Moment zu sein. Wenn es um die Wahrnehmung der eigenen Person im Hier und Jetzt geht, verwendet man auch die Fachbegriffe Personifikation und Präsentifikation. Vergangenheit und Zukunft werden dabei nicht abgespalten, sondern integriert. So kann ich auf meine Erfahrungen zurückgreifen, daraus lernen und daran wachsen, um nicht immer wieder die gleichen Fehler zu machen. Ich kann mit den mir zur Verfügung stehenden Ressourcen auch Pläne für die Zukunft machen, das Leben spielt sich jedoch in der Gegenwart ab. Viel seelisches Leid entsteht, wenn man angstbesetzte Erfahrungen aus der Vergangenheit noch nicht verarbeitet hat oder bei Zukunftsängsten die möglichen Katastrophen bereits vorwegnimmt. Üben Sie sich darin, sich achtsam mit Ihrem Körper und Ihren Gedanken im Hier und Jetzt zu fühlen.

Innere Dialoge führen

Neben der Identifizierung von emotionalen Mustern kann es auch hilfreich sein, das eigene Selbst als eine sich ständig wandelnde, aber organisierte Vielfalt vorzustellen.

Vermutlich gibt es in Ihnen auch unbewusste Selbstanteile, die sich womöglich in impulsiven Handlungen manifestieren. Eine gute Gefühlswahrnehmung und Gefühlsdifferenzierung kann Ihnen helfen, verschiedene Selbstzustände zu identifizieren. Hierzu ein Beispiel:

- Vielleicht erleben Sie sich manchmal als ein erschöpftes, depressives Selbst, das sich ohnmächtig fühlt und sich am liebsten zurückzieht.
- Ein anderes Selbst hat Probleme mit der Disziplin, lässt Dinge liegen, fühlt sich verloren.
- Ein weiteres Selbst beobachtet kritisch, macht Druck und bestraft den erschöpften oder den chaotischen Teil, wenn es nicht funktioniert.
- Dann gibt es womöglich noch den verlorenen lebendigen Teil in Ihnen, Ihr eigentliches Naturell, das Selbst, das so gerne unbeschwert, kraftvoll und entschlossen wäre.
- Vielleicht existiert auch noch ein rebellischer Selbstanteil, der die anderen boykottiert, weil er frei sein möchte von Verpflichtungen und Belastungen und weil er das Gefühl hat, genug getan zu haben.
- Wenn Sie solche oder ähnliche Selbstzustände bei sich kennen, können Sie versuchen, eine Diskussion anzuregen, was jetzt wirklich dran ist. Wie kann das erschöpfte Selbst wieder zu Kräften und in eine aktivere Rolle kommen? Weiß das lebendige Selbst von früher Rat? Kann es seine verborgenen Ressourcen aktivieren? Kann der kritische Beobachter einen konstruktiven Vorschlag machen und auch kleine Schritte anerkennen? Der rebellische Selbstanteil kann daran erinnern, dass man sich auch mal fallen lassen darf und nicht immer nur muss.

Diese innere Diskussion mit verschiedenen Selbstzuständen sollten Sie bei sehr belastenden Gefühlen nicht alleine machen.

Machen Sie sich bewusst, dass all die verschiedenen Selbstzustände zu Ihnen gehören, Teil Ihrer Gesamtpersönlichkeit sind. In jedem Gefühl und in jeder Wahrnehmung stecken Ressourcen, jeder Selbstzustand gibt Ihnen wichtige Signale und Impulse. Die Übung kann Ihnen helfen, sich mit all Ihren Gefühlen und Empfindungen achtsam wahrzunehmen und liebevoll anzunehmen.

Ausdrücken und leben

Das achtsame Wahrnehmen eines Gefühls ist der erste Schritt, das Differenzieren und Einordnen der zweite. Der dritte Schritt, der nun beschrieben wird, ist der angemessene Ausdruck. – Es gibt vielfältige Möglichkeiten, Gefühle auszudrücken und auszuleben.

Durch die Art, wie wir Gefühle ausdrücken, nehmen wir Einfluss auf die Wahrnehmung und Verarbeitung unserer Lebensumstände. Neben der sprachlichen Darstellung der eigenen Geschichte geht es auch um nichtsprachliche Ausdrucksmöglichkeiten durch die Körperhaltung, die Tonlage der Stimme und Ausdrucksbewegungen. Gestaltungsmöglichkeiten durch Theater- und Musikprojekte, Ausdruckstanzen oder Ausdrucksmalen können helfen, Selbstheilungskräfte zu stärken, die Imaginationsfähigkeit zu aktivieren und Zugang zur eigenen Kreativität zu bekommen. Auch das Erlernen von selbstregulierenden Fähigkeiten wie Yoga, Qigong oder Tai Chi kann dazu beitragen, den eigenen Körper zu spüren und sich selbst zu beruhigen. Beim Tanzen oder beim Kampfsport in der Gruppe kann man die körperliche Erfahrung von Gehaltensein machen, was das Vertrauen in sich und andere wachsen lässt. Diese körperorientierten Methoden können helfen, gebundene negative Energie zu entladen, aber auch sich zu »erden«, den Kontakt mit dem Boden zu spüren und den stabilen Halt des eigenen Körpers.

Jeder Mensch hat sein eigenes emotionales Profil

Manche reagieren schnell emotional und beruhigen sich genauso schnell wieder. Bei anderen hält ein intensiver emotionaler Zustand unter Umständen lange an. Andere Menschen dagegen regen sich erst gar nicht auf, strahlen Gelassenheit aus. Emotionale Profile sind eine Kombination aus Erfahrung und Vererbung. Die Reaktionsprofile verschiedener Gefühle wie Ärger, Furcht oder Trauer ähneln sich bei der gleichen Person. Es ist gut, eine Wahrnehmung für das eigene Profil zu haben, um zum Beispiel durch Achtsamkeitstraining Einfluss nehmen zu können. Wenn Sie Ihren Ärger bewusst wahrnehmen, spüren, wie er in Ihrem Körper hochsteigt, können Sie ihn beobachten und mit einem entsprechenden Zeitpuffer regulierend eingreifen. Sie können dann entscheiden, wie Sie Ihren Ärger ausdrücken möchten, bevor Sie handeln. Ein emotionales Profil ist durch achtsame Wahrnehmung durchaus veränderbar, dazu bedarf es Wissen und Übung. Denken Sie darüber nach, welche Emotionen sich in ihren Folgen eher destruktiv auswirken und was Sie verändern wollen. Auch wenn frühere Bindungs- und Beziehungserfahrungen Einfluss auf Ihre Emotionsregulation haben, können Sie durch Selbstberuhigung das eigene emotionale Erregungsniveau anpassen.

Veränderungsprozesse können angestoßen werden, indem Sie zum Beispiel Ihre Aufmerksamkeit auf andere Aspekte der Situation verlagern. In einem Beziehungskonflikt könnten Sie versuchen, die Sichtweise des anderen zu verstehen. Sie können sich auch einen anderen emotionalen Zustand vorstellen und diesen spielerisch ausdrücken. Oder Sie konzentrieren sich auf das Bedürfnis, das mit der Emotion verknüpft ist, um eine neue Emotion zu mobilisieren. So kann sich hinter dem Ärger Trauer verbergen und Sie haben das Bedürfnis nach Zuwendung und Trost.

Bei der Emotionsregulation erleben wir sowohl eine Unter- als auch eine Übererregung als belastend. Störungen wie Depression, Angst oder Sucht sind oft »Notlösungen«, um negative emotionale Zustände zu regulieren. Während bei der Depression eine Untererregung vorliegt, kommt es bei Ängsten zu Übererregungszuständen. Wohl fühlen wir uns bei einem mittleren Erregungsniveau, dann können wir am besten lernen und Situationen realistisch einschätzen. Das hilft uns auch, leidverursachende Emotionen zu verhindern, die in der Regel durch eine verzerrte Realitätswahrnehmung entstehen oder durch unrealistische Erwartungen.

ANWENDUNG

Üben, Gefühle auszudrücken

Beschreiben Sie ein Gefühl in einer bestimmten Situation. Wie fühlt sich das an? Wo fühlen Sie das in Ihrem Körper? Wie stellen Sie sich dieses Gefühl vor? Was möchten Sie mit dem Gefühl machen? Wonach ist Ihnen jetzt? Was brauchen Sie, was möchten Sie tun? Möchten Sie das Gefühl körperlich ausdrücken, es tanzen, es malen, darüber ein Gedicht machen?

Im Kontakt mit anderen sein

Fehlt es in der Kindheit und Jugend an guten Bindungserfahrungen, hat das für die spätere Beziehungsfähigkeit enorme Auswirkungen. Frühe Erfahrungen mangelnder Fürsorge verändern sogar das Muster, wie unsere Gene auf spätere Umweltreize reagieren. Länger andauernde Beziehungskonflikte können zum Absturz der Motivationssysteme führen. In einer ersten seelischen Reaktion können sich Gefühle von

Schmerz und Erregung mit Angst, Trauer oder Aggression einstellen. Längerfristig kann sich eine Depression entwickeln. Menschen, die sich allein gelassen fühlen, erleben seelische und körperliche Schmerzen stärker als diejenigen, denen mitmenschliche Unterstützung zur Verfügung steht. Auf den Ausschluss aus der Gemeinschaft reagieren Menschen ähnlich wie auf körperlichen Schmerz. Das Gehirn macht zwischen sozialem Schmerz und körperlichem Schmerz kaum einen Unterschied. Ungewollte Einsamkeit ist ein nicht zu unterschätzender Krankheitsfaktor.

Selbst nach traumatischen Erfahrungen in Kindheit und Jugend ist es möglich, durch neue Beziehungserfahrungen Gefühle von Sicherheit und Vertrauen zu entwickeln. Diese Prozesse brauchen allerdings Zeit und erfordern einen langen Atem. Kurzfristig muss man Ängste und Misstrauen aushalten bzw. überwinden, um langfristig besseren Erfahrungen eine Chance zu geben. Machen Sie sich bewusst, dass Sie als Erwachsener nicht mehr so abhängig und ausgeliefert sind wie als Kind, dass Sie sich jetzt die Unterstützung holen können, die Ihnen früher versagt war.

- Von welchen Menschen fühlen Sie sich angenommen?
- Was schätzen andere Menschen besonders an Ihnen?
- Wer kann Ihnen helfen, Ängste abzubauen?

ANWENDUNG

Wie gehe ich mit mir und anderen um?

Im Umgang mit sich selbst und anderen können Sie sich fragen:

- Wie gehe ich mit mir selbst um? (z. B. kontrollierend, bestrafend, vernachlässigend oder liebevoll)
- Wie gehe ich mit anderen um?
- Wie lasse ich andere mit mir umgehen?

Suchen Sie sich die Menschen aus, die zu Ihnen passen, die das Beste in Ihnen wirksam werden lassen. Wenn Sie mehr wissen und erfahren wollen, halten Sie sich an reife, weise Menschen oder an Menschen, die wie Sie auf der Suche sind. Wenn Sie Motivationsprobleme haben, sich aber zum Beispiel mehr bewegen wollen, versuchen Sie Menschen mit ähnlichen Zielen zu finden. Hinderlich für die Erreichung Ihrer Ziele wäre es, sich gegenseitig in schlechten Gewohnheiten zu bestärken. Langfristig tut es Ihrem Selbstwertgefühl nicht gut, wenn Sie zusammen mit anderen ungesund essen, viel Alkohol trinken, rauchen oder stundenlang am Computer abhängen. Hilfreich kann der bewundernde Neid sein, wenn Sie sich von der Kreativität anderer Menschen inspirieren lassen und selbst kreativ werden. In dieser Weise nutzte Schiller die Freundschaft zu Goethe.

Strategien, um Gefühle auszuhalten

Auf der Suche nach seinem »wahren Selbst« wird man nicht umhin kommen, mit schwer aushaltbaren Gefühlen konfrontiert zu werden. Welche Strategien helfen einem dabei, Gefühle wie Angst, Trauer oder Einsamkeit zu ertragen? Welche Fähigkeiten braucht man, um die wirklichen Gefühle auszuhalten und um Bedürfnisse angemessen zu befriedigen?

Oft versuchen wir unbewusst, bestimmte Gefühle nicht an uns heranzulassen, diese durch ein leichter aushaltbares Gefühl zu ersetzen. So erleben wir statt der Ohnmacht »lieber« Schuldgefühle, weil uns das noch ein Gefühl von Einflussnahme und Kontrolle gibt. Die Trauer verstecken wir hinter Ärger oder Aggression, weil eine aktive, kämpferische Haltung kurzfristig erträglicher ist. Das Gefühl der Einsamkeit oder Verlassenheit überdecken wir mit allen möglichen ablenkenden Außenreizen, oder wir machen uns vor, niemand zu brauchen. Doch wie wird man echt und authentisch in seinen Gefühlen?

Selbstakzeptanz

Es ist von wesentlicher Bedeutung, wie man über sich selbst denkt und welches Selbstbild man von sich hat. Wer sich für einen Versager hält, wird aufgrund des damit verbundenen negativen Stresses auch eher versagen. Wer sich dagegen grundsätzlich selbst bejaht, bei dem können gelegentliche kleine Erfolge zu einem Dominoeffekt führen mit einer auch langfristigen Selbstakzeptanz. Es geht darum, das Beste aus seinen Möglichkeiten zu machen. Hilfreich ist eine Haltung, wie sie Barack Obama mit seinem Wahlmotto »Yes, we can« ausgedrückt hat. Selbstbejahung wirkt sich auf die persönliche Leistungsfähigkeit aus, was eine positive Spirale in Gang setzen kann. Das Selbstwertgefühl steht sicher auch in engem Zusammenhang mit persönlichen Werten. Sie können sich selbst einmal überlegen, wie wichtig Ihnen Fähigkeiten in verschiedenen Bereichen sind.

Welche Werte sind Ihnen wichtig?

Hier einige Beispiele als Anregung für Ihre individuelle Werteliste:
- im Hier und Jetzt leben
- kreativ sein

- künstlerische Begabung
- sportliche Fähigkeiten
- schulische oder berufliche Erfolge
- soziale Kompetenzen und Beziehungen
- soziales Engagement
- Sinn für Humor
- Spiritualität

Für eine gute Selbstakzeptanz spielt sicher eine Rolle, wie ich mich in Bezug auf bestimmte Fähigkeiten, die mir wichtig sind, bewerte oder im Vergleich zu anderen sehe. Zuerst muss ich also wissen, was mir wichtig ist. Die Einschätzung persönlicher Fähigkeiten darf nicht durch Vorurteile verzerrt sein und sollte möglichst realitätsnah sein, wobei die ehrliche Rückmeldung von Vertrauenspersonen hilfreich sein kann. Weiß ich, was mir wichtig ist, und habe ich eine realistische Einschätzung, was ich kann oder lernen kann, bedarf es noch der Umsetzung. Dabei hilft zu erkennen, dass wir durch kluge Einsichten allein uns in der Regel nicht verändern, sondern wir benötigen neue Erfahrungen.

Der Neurobiologe Gerald Hüther hat dafür ein schönes Beispiel: Es handelt von einer Frau, die sich immer im Frühjahr unglücklich, ja depressiv, fühlte. Er half ihr dabei zu erkennen, dass sie als Kind im Frühjahr als älteste einer großen Kinderschar stets durch die Verantwortung für ihre jüngeren Geschwister überfordert war, während die Eltern die Feldarbeit machten. Dann schlug er ihr vor, im nächsten Frühjahr auf all die schönen Dinge zu achten, die das Frühjahr mit sich brachte: Das Vogelgezwitscher, das Erblühen der Blumen und Bäume, und so weiter. Die Frau konnte Hüther mitteilen, dass sie im folgenden Frühjahr nicht unglücklich und depressiv war, sondern die Zeit genießen konnte.

Gelassenheit

Der Dalai Lama lädt dazu ein, Emotionen von allen Seiten zu betrachten und Probleme nicht nur aus der eigenen Perspektive anzuschauen. Aus der buddhistischen Haltung des Mitgefühls für alle Lebewesen sollen wir so handeln, dass wir selbst und der andere nicht beschädigt werden. Es gilt, heftige Gefühlswallungen möglichst früh aufzulösen, bevor diese zu viel Raum einnehmen, denn: »Die durch negative Emotionen hervorgerufene Energie ist ihrem Wesen nach blind.« Gelassenheit, Nachsicht und Geduld sind keine Schwächen. Denn durch Wut und Hass fügen wir uns selbst größeren Schaden zu als der Person, die diese Gefühle auslöst. Setzen wir dem nichts entgegen, bekommen gerade die Menschen, von denen wir es am wenigsten wollen, viel Macht über uns.

Ergebnisse der Hirnforschung bestätigen diesen buddhistischen Ansatz. Eine anhaltende Schulung des Geistes in Richtung Gelassenheit führt dazu, dass sich unser Gehirn umorganisiert und unser Körper ruhiger reagiert. Der Wert der Meditation liegt im Loslassen fester Vorstellungen und Ziele. Wir sollen das Anhaften an eigene Wünsche und Begierden relativieren. Es geht um eine aufmerksame und gleichmütige Betrachtung des eigenen Selbst; Gefühle und Gedanken sollen nicht bewertet werden. Wenn wir aufhören, zu wünschen, zu wollen und zu bewerten, können wir eine innere Stille erfahren, können uns angenommen und ganz fühlen. Damit verbunden sind auch Gefühle von Demut und Dankbarkeit.

Loslassen

Gelassener können wir werden, wenn wir lernen, Dinge zu lassen oder loszulassen. Wir können Gefühle zulassen, Dinge geschehen lassen, uns auf jemanden verlassen, anderen etwas überlassen. Es geht nicht darum, keine Gefühle mehr zu haben, denn Gefühle von Schmerz, Trauer oder Wut sind berechtigt, man muss nicht von ihnen geheilt werden. Man kann auch keine Gefühle verletzen, sondern der Mensch an sich wird verletzt. Geheilt werden müssen der beschädigte Selbstwert oder das gestörte Bindungssystem.

Im Tibetischen Totenbuch gibt es zwei Arten des Loslassens, zwischen denen wir wählen können: Stellen Sie sich vor, Sie halten eine Kugel in der Hand, die Sie loslassen. Wenn Sie die Hand nach unten öffnen, wird die Kugel auf den Boden fallen und wegrollen. Aus Angst vor dem unwiderruflichen Verlust versucht man vielleicht, die Kugel krampfhaft festzuhalten, was viel Energie kostet. Sie können aber auch die Handflächen nach oben drehen und die Kugel in der offenen Hand in Ruhe betrachten. So können Sie mit dem, was Ihnen wichtig ist, bewusst umgehen.

Abgrenzung

Ist es Ihnen auch schon passiert, dass Sie sich erschöpft und/oder traurig fühlen und daran denken, was Sie eigentlich alles machen müssten, welche Ziele Sie erreichen wollten? Betrachten Sie mal von außen die Situation: Es fehlt Ihnen an Kraft und Sie beschäftigen sich mit Dingen, die anstrengend sind und für die Sie in diesem Moment nicht die Energie haben. Mit der nötigen Distanz werden Sie feststellen, dass es nicht hilfreich ist, ohne die nötige Kraft große Schritte zu gehen oder Berge zu besteigen. Hier gilt das »Prinzip der kleinen Schritte«, das ist das Gegenteil vom »Alles-oder-nichts-Prinzip«: Was kann ich tun, damit es mir etwas besser geht?

Dazu ein Beispiel: Nehmen wir an, Sie haben immer gerne im Garten gearbeitet, können diese Ressource aber nicht mehr mit dem früheren Anspruch ausüben. Dann geht es darum, kleinere und realistischere Ziele zu setzen und sich auch über diese Schritte freuen zu können. Entweder verkleinern Sie Ihren pflegeintensiven Garten oder Sie holen sich Unterstützung.

ANWENDUNG

Sorgenstuhl und Freudestuhl

Um sich besser von eigenen Sorgen abzugrenzen, kann folgende Übung hilfreich sein: Nehmen Sie sich zwei verschiedene Stühle: Einen Sorgenstuhl und einen Freudestuhl. Wenn Sie auf dem Sorgenstuhl Platz nehmen, können Sie sich mit all Ihren Problemen befassen, diese vielleicht auch aufschreiben. Sie können sich dafür eine begrenzte Zeit am Tag nehmen. Sobald Sie den Stuhl verlassen, sind andere Dinge dran. Wenn Sie auf dem Freudestuhl Platz nehmen, beschäftigen Sie sich mit den Sonnenseiten Ihres Lebens. Denken Sie an das Gute und Angenehme oder an das, was Sie sich wünschen. Angenehme Vorstellungen können Sie auch aufschreiben oder ein Bild dazu malen. So wie Sie zwei verschiedene Stühle verwenden, nehmen Sie auch unterschiedliche Hefte oder Bücher zum Aufschreiben: Ein Sorgentagebuch und ein Freudetagebuch.

Um sich von eigenen überzogenen Ansprüchen abzugrenzen, insbesondere wenn man zum Perfektionismus neigt, sei an das Pareto-Prinzip erinnert: Mit 20 % des Aufwandes erreicht man 80 % der Wirkung. Will man etwas 100 %ig machen, muss man den Aufwand überproportional erhöhen. Im Alltag geht es um ein angemessenes Mittelmaß, sonst verlieren Sie sich im Detail, was nicht mehr effektiv ist.

Wann zuletzt haben Sie erfolgreich »Nein« gesagt? Wie fühlt sich das »Nein« in Ihrem Körper an? Wo können Sie das spüren? Wenn Sie möchten, können Sie das »Nein« auch gestalterisch darstellen. Hilfreiche Gedanken könnten sein: »Es darf mir gut gehen. Ich darf Grenzen haben und diese schützen. Ich muss nicht jedem gerecht werden. Ich darf Nein sagen und Wünsche äußern.«

Wie fühlt sich Abgrenzung an?

Sie können sich auch eine Situation vorstellen, in der Sie sich gut abgrenzen konnten. Versuchen Sie, sich noch einmal an die Situation zu erinnern, gab es eine »Schlüsselszene«? Wie hat sich dieser Moment angefühlt? Können Sie Ihre Abgrenzungsfähigkeit irgendwo im Körper spüren? Denken Sie daran, dass diese Fähigkeit in Ihnen ist und dass Sie diese Ressource aktiv nutzen können.

Belastende Gefühle loslassen

Um belastende Gefühle loszulassen, gibt es verschiedene Möglichkeiten:

- Sie können den anderen für die erlebte Verletzung zur Rechenschaft ziehen.
- Sie können versuchen, den anderen besser zu verstehen.
- Sie können dem anderen für erlittenes Unrecht vergeben. Aber zwingen Sie sich nicht dazu, denn sonst würden Sie sich selbst womöglich in Ihrem Leid

ANWENDUNG

Einen Schutzmantel anziehen

Wenn Sie sich von zu vielen Reizen und Anforderungen überfordert fühlen, kann folgende Übung hilfreich sein:
Stellen Sie sich das Bild eines Schutzmantels vor, den Sie ganz nach Ihren Bedürfnissen gestalten können. Vielleicht ist es ein großer Umhang oder ein Mantel mit Kapuze, der Sie von Kopf bis Fuß einhüllt. Wählen Sie für den Mantel eine Farbe, die Ihren Wunsch nach Abgrenzung unterstützt, zum Beispiel die Farbe Blau. Soll der Stoff leicht oder schwer, weich oder glatt sein? Wählen Sie das für Sie passende Material aus, überlegen Sie, ob der Mantel oder Umhang ein Futter haben soll. Statten Sie den Mantel mit allen Eigenschaften aus, die zu Ihrem Schutz notwendig sind (Taschen, Verschluss, Wetterfestigkeit). Der Mantel kann Sie auch vor Ansprüchen und negativen Energien schützen. Sie müssen nicht alles annehmen, was an Sie herangetragen wird.

oder auch in Ihrer Wut nicht würdigen und ernst nehmen. Jemandem vergeben können ist ein Entwicklungsprozess, den man nicht forcieren darf, sonst würde man die eigenen Gefühle übergehen. Kinder von Holocaust-Überlebenden äußern zum Teil, dass sie nicht vergeben können, sonst würden sie das geschehene Unrecht rechtfertigen. Auch diese Haltung ist zu würdigen. Vergebung kann aber auch helfen loszulassen oder dem anderen die leidverursachenden Gefühle zurückzugeben, um selbst wieder freier zu sein.

Frustrationstoleranz

Hier geht es um die Fähigkeit, Enttäuschungen und Verletzungen zu ertragen und auszuhalten. Ohne Frustrationstoleranz müssten wir alles vermeiden, was unsicher ist, scheitern kann. Es ist gar nicht möglich, uns vor jeder Verletzung zu schützen und je intensiver wir uns in Beziehungen einlassen, desto mehr können wir verletzt werden. Wenn Sie daran denken, wie sehr Sie einen Menschen lieben, dann ist Ihre Liebe ein großer Schatz, selbst wenn Sie weniger, vielleicht auch gar nichts »zurückbekommen«. Ihre Liebesfähigkeit kann Ihnen niemand nehmen. Und da, wo Ihre Liebe nicht angenommen wird, muss sie nicht enden. Stellen Sie nicht sich als Mensch in Frage, wenn Sie zurückgewiesen werden, insbesondere wenn Sie erfahren, dass es Menschen gibt, bei denen Ihre Liebe auf fruchtbareren Boden fällt.

ANWENDUNG

Fehlschläge neu bewerten

Denken Sie an eine Situation in Ihrem Leben, die Sie als frustrierend erlebt haben. Wie möchten Sie aus heutiger Sicht darüber denken? Wie möchten Sie sich trösten, was würde Ihnen helfen? Hilfreich könnte schon allein die Haltung sein: »Ich habe es überstanden. Es ist vorbei. Ich habe daraus etwas gelernt.« Ein chinesisches Sprichwort lautet: »Kümmerst du dich um ein Übel fünf Jahre nicht, gereicht es dir zum Segen.«

Mutig sein heißt, ein gewisses Risiko einzugehen, Unsicherheit zu ertragen und auch ein Scheitern mit einzubeziehen. Es geht hier nicht um den Mut, sich in den Abgrund zu stürzen, sondern sinnvolle neue Wege zu gehen. Es ist eine große Stärke, sich Fehler einzugestehen, den Neid anderer Menschen zu ertragen oder die Trauer um Verluste an sich heranzulassen. Stellen Sie sich vor, wenn Sie Verletzungen erfahren, durch eine Prüfung fallen oder Ihnen Unrecht widerfährt, dass jede Erfahrung dieser Art Ihre Frustrationstoleranz erhöhen und Sie widerstandsfähiger machen kann.

Vertrauen

Gefühle von Urvertrauen oder Urmisstrauen werden bereits im ersten Lebensjahr geprägt. In dieser Phase ist man als Mensch völlig abhängig von den Bezugspersonen, das Gefühl einer eigenen Identität ist noch nicht entwickelt. Ist die Bezugsperson feinfühlig, werden die Bedürfnisse gestillt und man kann sich in der Bindung sicher fühlen. Positive Reaktionen der Bezugsperson auf das Kind und eine stimmige Interaktion bereiten den Boden für ein gutes Selbstwertgefühl.

Vertrauen beinhaltet sowohl Selbstvertrauen als auch Vertrauen in andere Menschen. Soziale Netzwerke stärken, Gemeinschaft wirkt wie eine Therapie und hilft uns, gesund zu bleiben oder zu werden. Dass geteiltes Leid halbes Leid ist, haben inzwischen auch die Hirnforscher bewiesen. Wenn wir mit Menschen zusammen sind, denen wir vertrauen und denen wir uns verbunden fühlen, haben wir weniger Angst. Menschen in einer engen und guten Beziehung werden seltener krank, leiden weniger unter Depressionen und Ängsten und haben eine höhere Lebenserwartung. Frauen sind in der Regel besser vernetzt, was einen Schutzfaktor darstellt. Der Einfluss von engen Freunden auf unser

Wohlbefinden scheint größer zu sein als der von Ehepartnern. Je näher uns Freunde sind, desto größer der Einfluss. Glück kann regelrecht ansteckend wirken. Was unser soziales Umfeld denkt und fühlt, wirkt direkt auf uns zurück. Möglicherweise ist der Mensch aus evolutionärer Sicht für das Alleinsein nicht geschaffen. Unsere Gehirne bauen Brücken zu anderen Gehirnen, auch um Energie zu sparen. Sich Herausforderungen alleine stellen zu müssen, kann deutlich anstrengender sein, es kann aber auch das Selbstvertrauen stärken.

Vertrauen hat auch mit Hoffnung zu tun, einem zukunftsgerichteten Gefühl. Hoffnung muss immer wieder geschöpft werden, und dazu bedarf es des Vertrauens in sich und andere. Vertrauen und Hoffnung sind Gefühlen von Machtlosigkeit entgegen gerichtet, dabei sind sie langmütig und geduldig. Vertrauen und Hoffnung lassen Veränderung zu, wenn wir den Willen zur Veränderung haben und entsprechende Schritte unternehmen.

ANWENDUNG

Sich selbst und anderen Menschen vertrauen

- Was gibt Ihnen Selbstvertrauen? Fühlen Sie sich bei sich selbst zu Hause?
- Welche Menschen stärken Ihr Selbstvertrauen, welche schwächen es eher?
- Welchen Menschen können Sie vertrauen, weil diese ehrlich und authentisch sind?
- Spüren Sie ein Gefühl von Vertrauen in Ihrem Körper, wenn Sie an diese Menschen denken?

Widerstandskraft – Resilienz

Unter Resilienz versteht man die psychische Widerstandsfähigkeit. Lange hat man sich auch in der Psychotherapie eher damit beschäftigt, warum Menschen im Leben nicht zurechtkommen; mittlerweile beschäftigt man sich mehr damit, wie ein gutes Leben trotz vielerlei Belastungen gelingen kann. Der Begriff »Resilienz« ist der Werkstoffphysik entlehnt. Ursprünglich bezeichnete er die Eigenschaft elastischen Materials (wie zum Beispiel Gummi), nach Momenten extremer Spannung wieder unversehrt zurückzuschnellen. Es kann sein, dass Menschen oft erst durch Verletzungen und Schicksalsschläge ihre wahre Stärke finden, sich dadurch vollständiger entwickeln und erfüllter leben. Seelisches Wachstum nach einem Trauma kann allerdings nur entstehen, wenn man die Möglichkeit hat, daraus zu lernen.

Untersucht man Menschen, die unter schwierigen Bedingungen aufwachsen, findet man unter ihnen etwa ein Drittel, die im Leben einigermaßen gut zurechtkommen. Ein weiteres Drittel derer, die selbst

Gewalt erfahren haben, wird später selbst gewalttätig. Das dritte Drittel machen die besonders widerständigen Menschen aus. Auch unter berühmten Persönlichkeiten gibt es etliche, die es trotz widriger Ausgangsbedingungen geschafft haben: Zum Beispiel die Hollywood-Schauspielerin Greta Garbo oder der Musiker Ray Charles. Sie besitzen Grundeigenschaften, die einen psychisch stabilen Menschen auszeichnen. Dazu gehören Selbstvertrauen, Gestaltungswille, Entschlusskraft, Verantwortungsübernahme. Außerdem Lust an der Herausforderung und am Erfolg. Resiliente Menschen haben Ziele, die das Leben sinnvoll erscheinen lassen. Es gilt also schon bei Kindern, nicht den Blick auf die Mängel, sondern auf die Fähigkeiten zu richten. Natürlich können auch resiliente Menschen scheitern, allerdings werden sie durch Leid und Rückschläge nicht so stark und dauerhaft beeinträchtigt. Bei der Resilienz wirken zwei Kräfte: Die angeborenen und die erworbenen. Wenn ein Kind heranwächst, formen seine Erfahrungen das Gehirn durch vielfältige Verschaltungen von Nervenzellen, die entsprechende Netzwerke bilden.

wichtig

Besonders bedeutsam für die Entwicklung von Widerstandskraft ist die Erfahrung von Geborgenheit, wozu es mindestens einer verlässlichen Bezugsperson bedarf.

Der Musiker Ray Charles wuchs ohne Vater in Armut auf. Als Ray fünf Jahre alt war, ertrank sein jüngerer Bruder, weil er es nicht schaffte, ihn aus einem Wassertrog zu ziehen, in den dieser kopfüber gefallen war. In der Verfilmung »Ray« wird deutlich, wie sehr sich dieses traumatische Erlebnis durch sein Leben zog. Mit sechs Jahren erblindete er, dann starb die Mutter als seine wichtigste Bezugsperson. Allerdings sorgte diese dafür, dass er Selbstvertrauen und Selbstständigkeit entwickelte. Neben seiner Intelligenz und Ausdauer lernte er trotz seiner Drogensucht, auf die eigenen Kräfte zu bauen.

Wie entsteht Selbstwirksamkeit?

Die Mischung aus Selbstvertrauen, praktischer Intelligenz und der Fähigkeit, Probleme zu lösen, wird als Selbstwirksamkeit bezeichnet und gilt als mächtigster Schutzfaktor. Dem Konzept der Selbstwirksamkeit liegt zugrunde, was in den siebziger Jahren des letzten Jahrhunderts der israelische Medizinsoziologe Aaron Antonovsky forderte: Statt sich mit den krankmachenden Faktoren zu beschäftigen, müsse man fragen, wie der Mensch gesünder werde. So hänge die seelische Grundstimmung wesentlich von der Fähigkeit ab, die Welt mitsamt den eigenen Problemen als sinnvoll zu verstehen. Antonovsky nannte diesen Sinnzusammenhang »Kohärenzgefühl«. Dieses stimmige Gefühl der Ruhe und Gelassenheit lässt sich ein Stück weit lernen. Kinder brauchen dafür jemand, der verlässlich mit Zuneigung reagiert und Bedürfnisse erkennt, jemand, der Grenzen setzt und Orientierung bietet. Ein Kind mit einer unsicheren Bindung erfährt nicht, dass es mit Unterstützung einer Bezugsperson lernen kann, seine Gefühle zu regulieren.

Zu den Grundregeln positiver Erziehung gehören: Akzeptanz und Absprechen klarer Regeln und konsequentes Handeln. In Kindergärten beginnt man inzwischen, die Wahrnehmung für das eigene Verhalten in bestimmten Situationen zu trainieren. Kinder sollen die Folgen ihres eigenen Tuns überdenken und Möglichkeiten der Konfliktlösung lernen. Krisen sollen nicht für unüberwindbar gehalten werden, Veränderungen als Teil des Lebens akzeptiert werden. Man soll sich eigenen Zielen zuwenden und eigene Fähigkeiten entdecken. Hilfreich ist, Dinge realistisch zu betrachten und sich eine hoffnungsvolle Haltung zu bewahren. Es ist gut, für sich zu sorgen und achtsam zu sein.

- Kennen Sie Menschen in Ihrem Umfeld, die Sie für ihre Widerstandsfähigkeit bewundern?
- Entdecken Sie ähnliche Fähigkeiten auch bei sich oder wünschen Sie, diese weiterzuentwickeln?
- Kennen Sie aus der Literatur oder aus Filmen Vorbilder für Widerstandskraft?
- Astrid Lindgren bietet vielfältige Modelle (z. B. Pippi Langstrumpf, Ronja Räubertochter oder Die Brüder Löwenherz), aber auch Michael Ende (z. B. Momo, Jim Knopf und Lukas der Lokomotivführer) und viele mehr, die für Kinder oder Erwachsene Bücher geschrieben haben.

Die amerikanische Entwicklungsforscherin Anne Masten sagt, die größte Überraschung an der Resilienz sei das Gewöhnliche: »Die Fähigkeit zu denken, zu lachen, zu hoffen, zu handeln, um Hilfe zu bitten, sie anzunehmen und dem Leben einen Sinn zu geben.« Nur leider sei das Gewöhnliche eben oft nicht einfach.

Gefühle als Weg zu uns selbst

Im letzten Kapitel wollen wir das Gefühlspendel noch einmal zu Glück, Liebe und Freude schwingen lassen. Auch diese Gefühlszustände lassen sich in gewisser Weise lernen und fördern. Man kann Gefühle nicht erzwingen, aber man kann sich für sie öffnen und sie als Wegweiser nutzen – auf dem Weg zu sich selbst.

Kreativität

In einem Artikel der Wochenzeitung »Die Zeit« vom 29. Mai 2008 wurde Oliver Voss vorgestellt. Er ist Kreativvorstand einer der kreativsten Werbeagenturen der Welt. Seine Maxime ist: »Einfach alles Überflüssige eliminieren.« Informationsträger sind bei ihm Gefühle und Stimmungen. Das hört sich spielerisch leicht an, beinhaltet aber ein großes Allgemeinwissen und die Bereitschaft, sich für alles zu interessieren, um im geeigneten Moment auf das richtige Gefühl zurückgreifen zu können. Kreativität verlangt Bildung, Fantasie, Offenheit und Erfahrung. Entrümpeln, damit der Kopf frei wird, durchlässig ist, sensibel für Schwingungen, Gefühle, Tendenzen. Oliver Voss versucht, durch ein radikal hedonistisches Leben – diszipliniert, konsequent und rein – den Kopf frei zu halten für seine Arbeit. Hedonistisch meint nicht Champagnersausen oder den Kurztrip nach Monte Carlo. Sondern die Einsicht in die Eigenverantwortung fürs Leben. Und das äußert sich zum Beispiel in Kleinigkeiten wie der Erkenntnis, dass man im Leben das Nichtstun lernen muss. »Zu viel Reiz macht mich unzufrieden.« Voss achtet sehr darauf, dass er sich nicht durch Müll vergiftet: »Reizmüll«, »Bekanntschaftsmüll«, »Konsummüll«. Visualisierte Bilder, emotionalisierte Geschichten – das sind die Ideenlieferanten für den Durchlässigen. »Kreativität ist eine sublime Form von Sinn«. Betriebsamkeit versteht er als schlechte Form von Kreativität.

Man lässt sich ergreifen

Kreativität setzt kognitive Fähigkeiten und ein umfangreiches Sachwissen voraus, aber der zündende Funke kommt häufig nicht durch ständiges Nachdenken und Grübeln zustande. Kreativität ist eine multiple, nicht gerichtete Rationalität, an der Emotionen wesentlich beteiligt sind. Inspiration und Kreativität setzen voraus, dass man sich ergreifen lässt, sich hingeben kann. Der Neuropsychologe Ernst Pöppel beschreibt kreative Momente als Zustand ohne äußere Störung mit »maximalem Zugang zu allem, was im Gehirn vorhanden ist.« Also Gefühle, Erinnerungen, Wahrnehmungen … »Dahinter liegt ein Ozean von implizitem Wissen«, so Pöppel. Auch beim Brainstorming nutzt man diese Kraft der freien Assoziation, jeder Gedanke ist erlaubt.

Man kann wie Oliver Voss versuchen, seinen Geist »rein« zu halten von inhaltsleerem »Gedankenmüll«, von zu oberflächlichen Beschäftigungen, mit denen man eher Zeit totschlägt als nutzt. Und man kann für einen Wechsel sorgen zwischen Anregungen und Reizen von außen und einem Nach-innen-Gehen und Loslassen. Sinnvoll ist dabei, den Körper zu integrieren, Emotionen mit Bewegung zu verbinden. Im Tanz findet die Verbindung von Musik, Bewegung und Gefühl ihren höchsten Ausdruck. Aber auch durch Sport, Malen, Musizieren oder Schreiben kann man seinen Gefühlen einen kreativen Ausdruck verleihen, ebenso wie zum Beispiel durch Kochen oder Gartenarbeit.

- In welchen Bereichen erleben Sie sich als kreativ?
- Bei welchen Tätigkeiten vergessen Sie die Zeit, können Sie sich hingeben?
- Was möchten Sie gerne ausprobieren?

Freundschaft

Im 18. Jahrhundert wurde es als schön empfunden, Gefühle zu zeigen. Manche Epochen idealisierten die Freundschaft, deren wesentliches Merkmal die Treue war; Verrat bedeutete den größten Schmerz, der wiedergefundene Freund das größte Glück. Freundschaft ist nicht einfach naturgegeben, sie muss gestaltet, gehegt und gepflegt werden. Echte Freundschaften erleben die meisten Menschen als größere Ressource als verwandtschaftliche Beziehungen. Freunde sind »Wahlverwandte«. Was Freundschaft kostbar macht, sind gegenseitiges Vertrauen und die Akzeptanz des anderen als eigenständige und ebenbürtige Person. Gegensätze dürfen bewahrt werden, weil jeder den anderen annimmt, wie er ist.

Aus neurobiologischer Sicht sind wir auf soziale Resonanz und Kooperation angelegte Wesen. Eine wesentliche Motivation unseres Handelns besteht darin, Wertschätzung, Anerkennung und Zuwendung zu erhalten und zu geben. Gegenseitige Aufmunterung hilft uns, auch in schwierigen Zeiten durchzuhalten. Je ähnlicher uns jemand ist, desto mehr können wir dessen Empfindungen nachvollziehen, das gilt für angenehme Gefühle ebenso wie für belastende. Die Ziele, die wir im Alltag oder im Beruf verfolgen, haben letztendlich den Sinn, zwischenmenschliche Beziehungen zu schaffen. In erster Linie wollen wir als Mensch und Individuum gesehen werden.

Wie sehr wir in soziale Netzwerke eingebunden sind, hängt allerdings auch von

ANWENDUNG

Wie fühlen Sie sich mit Freunden?

Um die Ressource Freundschaft bewusster nutzen zu können, empfehlen wir Ihnen folgende Übung:

- Machen Sie sich Gedanken, welche Menschen für Sie wirklich gute Freunde sind.
- Schreiben Sie die Namen auf und denken Sie bei jeder einzelnen Person daran, wie Sie sich in deren Gegenwart fühlen, was dieser Mensch Ihnen vermittelt.
- Stellen Sie sich eine konkrete Situation mit einem Freund oder einer Freundin vor. Wie erleben Sie sich dabei? Was denken Sie über sich? Wie fühlt sich das im Körper an?

Vielleicht bemerken Sie bei dieser Übung, dass es auch gewisse Konflikte gibt, Ärger spürbar wird oder irgendetwas Druck auslöst. Denken Sie daran, dass Sie diesen Konflikt ansprechen können, wenn Sie sich dessen bewusst sind. Vielleicht haben Sie auch bemerkt, wie viel Kraft ein Freund auf Sie übertragen kann, und dass diese Sie beide stärker macht.

unseren Genen ab. Es gibt schüchterne Menschen und es gibt die gut vernetzten Kontaktfreudigen. In der Gesundheitspolitik werden solche sozialen Faktoren bisher zu wenig berücksichtigt, gerade in einer alternden Gesellschaft. Auf der japanischen Insel Okinawa leben die meisten Hundertjährigen, dort gibt es neben einer gesunden Ernährung viel Gemeinschaft, die Menschen dort wissen, wofür es sich lohnt zu leben. In der Gruppe ist in der Regel auch die Motivation für positive Verhaltensänderungen höher. Entsprechendes gilt für das Essverhalten, Rauch- und Trinkgewohnheiten oder sportliche Aktivitäten. In einer Gemeinschaft mit einem gesunden Lebensstil besteht eine starke Wechselwirkung. Freundschaft mit den passenden Menschen stärkt die seelische und körperliche Gesundheit. Langjährige Freundschaften sind nicht selten stabiler als familiäre Beziehungen und stellen eine unserer wichtigsten Ressourcen dar. Allerdings geht es um Freundschaften, in denen man wirklich Unterstützung, Vertrauen und Sicherheit erfährt, die auch manche Krise überstehen. Der beste Parameter für eine gute Freundschaft ist, dass beide Seiten sich wohlfühlen, ein Gleichgewicht zwischen Geben und Nehmen besteht, man sich nicht verbiegen oder dem anderen gerecht werden muss. Eine stabile Freundschaft verträgt auch belastende Gefühle von Ärger und Neid, wenn diese schließlich konstruktiv genutzt werden, um daraus zu lernen.

Freude

Zur Freude gehören Heiterkeit, Zufriedenheit, Glück, Liebe, Begeisterung bis hin zur Ekstase. Freude ist aber auch Quelle der Inspiration und Kreativität. Sie ist ein Gefühl, das uns in die Höhe streben lässt, mit dem wir die Erdenschwere überwinden und über uns hinauswachsen können. Freude lässt uns offen und weit werden, das Leben erscheint bunter. Wenn man sich freut, spürt man Selbstvertrauen und Selbstakzeptanz, man möchte singen oder tanzen. Das Ganzheitsgefühl in der Freude wird erlebt, wenn man in einer Sache ganz aufgeht, seine Fähigkeiten ausschöpfen kann. Csikszentmihalyi nennt den Zustand der Selbstvergessenheit »Flow«. Man freut sich an der eigenen Kompetenz, am Ausprobieren der eigenen Grenzen, ohne ein ehrgeiziges Ziel zu verfolgen. Freude entsteht besonders in Beziehungen, im gemeinsamen Entwickeln und Wachsen. Dieses Öffnen in der Freude macht allerdings auch verletzbarer, weshalb manche Menschen die Freude gar nicht mehr zulassen können. Aus dem Hochgefühl der Freude kann man abstürzen, wenn andere sich nicht mitfreuen, neidisch sind, man sich dafür schuldig fühlt.

Wenn Sie auf Ihre bisherige Biografie zurückschauen, können Sie sich fragen, wie und wann Sie in Ihrem Leben Freude erlebt haben. Vergessen Sie dabei auch nicht die kleinen Alltagsfreuden, die sinnlichen Genüsse (zum Beispiel das Wahrnehmen der Natur und der Kunst, genussvolles Essen und Trinken, Zärtlichkeit). Stellen Sie sich eine Situation vor, in der Sie Freude empfunden haben. Wie können Sie die Freude in Ihrem Körper spüren? Wie drücken Sie Freude aus? Verändert es Ihre Stimmung, wenn Sie daran denken?

Vorfreude. Ein zukunftsgerichtetes Gefühl ist die Vorfreude, die mit Hoffnung und Erwartung verbunden ist. Enttäuscht ist man, wenn das Erwartete nicht eintrifft. Die Vorfreude zum Beispiel auf den lang ersehnten Urlaub kann länger andauern als der Urlaub selbst, was in anstrengenden Zeiten Auftrieb geben kann. Allerdings kann ein Urlaub nie die vielen kleinen Alltagsfreuden ersetzen, die man im Hier und Jetzt erlebt und die weniger anfällig für Enttäuschungen sind.

Feiern. Wann haben Sie zuletzt etwas gefeiert? Ein Fest ist Ausdruck der Freude und muss nicht beschränkt sein auf Geburtstage oder andere Jubiläen. Man kann auch eine bestandene Prüfung feiern, eine Versöhnung nach einem Streit, wenn man nach einer Krankheit wieder gesund ist oder wenn man etwas Unangenehmes hinter sich gebracht hat.

Freude wirkt ansteckend, wenn wir uns miteinander freuen. Gehemmt wird Freude durch Neid, Scham- oder Schuldgefühle. In der Schadenfreude überwiegen eher Rivalitätsdenken und Neid.

Die Freude bedarf neben dem Streben in die Höhe, in die Vertikale, immer auch der

Weite, der Horizontalen. Das hält uns am Boden und schützt uns vor dem Abheben in die Manie. Wenn wir Erfahrungen sammeln, Erkenntnisse und Einsichten gewinnen, bewegen wir uns in der Horizontalen. Die Vertikale umfasst die Dimension der Sehnsucht und Leidenschaft bis hin zur Ekstase. Gut ist es, wenn wir im konkreten Leben Fuß fassen, eine Wurzel haben. Mit einem Gefühl der Verwurzelung können wir immer wieder die Erdenschwere überwinden, ohne dass uns eine übersteigerte Freude abstürzen lässt.

Humor

Wissenschaftler untersuchen die Wirkung des Humors und fragen sich, ob es eine Heilkraft des Lachens gibt. Sie kommen zu dem Ergebnis, dass Humor erlernbar ist und glücklich macht. Humor ist wie eine universelle Sprache, »heitere Gelassenheit« macht Belastungen erträglicher. In der Regel genießen Menschen mit Sinn für Humor mehr Ansehen und Sympathie. Witze, Humor und Lachen sind an die Dopamin-Achse gekoppelt. Gemeinsames Lachen verbindet. Emotional ausgeglichene und gegenüber Stress besonders resistente Menschen reagieren auf Humor mit einer deutlich stärkeren Aktivierung ihres Dopamin-Motivationssystems als andere. Lachen baut Stresshormone ab, stärkt die Immunabwehr und macht schmerztoleranter. In Kinderkrankenhäusern sorgen inzwischen Klinikclowns dafür, dass die Patienten sich wohler fühlen und für Momente entspannen können.

Was bringt uns zum Lachen?

Der Witz nutzt den Moment der Überraschung. Mit Scherzen kann man aber auch manipulieren und verführen. Umberto Eco beschreibt in seinem Roman »Der Name der Rose«, wie die katholische Kirche früher die Macht des Lachens fürchtete. Ein Mönch tötet mehrere Menschen, die sich mit einer Schrift von Aristoteles über die Komödie beschäftigen. Er befürchtet, dass Lachen die Furcht töte und ohne Furcht könne es keinen Glauben geben.

Als lustig empfinden wir beim Witz die unvorhersehbare Pointe, wir lachen, wenn der gewohnte Lauf der Dinge plötzlich abbricht. Im Kernspintomograph haben Neurowissenschaftler beobachtet, wie bei der Pointe eines Witzes in einer Kaskade von Nervenzellen Gehirnregionen aktiv werden, die zum Belohnungssystem gehören. Entsprechende Botenstoffe lösen Euphorie und Erheiterung aus. Je nach Charakter unterscheiden sich Menschen darin, was sie zum Lachen bringt.

Lachen spielt auch beim Flirten und der Partnerwahl eine wichtige Rolle. Untersuchungen haben ergeben, dass Frauen häufig Männer mit Humor suchen und Männer mit Humor werben (zum Beispiel

ANWENDUNG

Das Spielerische wiederentdecken

Denken Sie daran, wie unbekümmert Sie als Kind sein konnten (wenn Sie dieses Glück hatten), worüber Sie sich freuen konnten. Möchten Sie dieses eigene innere Kind wiederentdecken und eine gewisse spielerische Haltung zum Leben zurückgewinnen?
Worauf hätten Sie mal wieder Lust? Zum Beispiel ein Eis essen, sich gegenseitig jagen und fangen, sich verstecken, Kräfte messen, mit Farben experimentieren und malen, etwas Verrücktes anziehen, ein Kochrezept erfinden und ausprobieren, so tun als ob.

- Was bringt Sie zum Lachen?
- Witze, Cartoons, »schwarzer« oder »trockener« Humor, Loriot oder Mr. Bean?
- Wann haben Sie zum letzten Mal richtig gelacht?
- Können Sie noch einmal spüren, wie sich das angefühlt hat, wenn Sie an die Situation denken?
- Verändert sich dadurch Ihre Stimmung, Ihr Gesichtsausdruck?

in Kontaktanzeigen). Sowohl Männer als auch Frauen nutzen Witz und Humor, um die Widrigkeiten des Lebens besser zu meistern. Wer über sein eigenes Schicksal lachen kann, erhebt sich über sein Los.

Glück

Die Fähigkeit, Glück zu empfinden, steht im Zusammenhang mit dem persönlichen Naturell und ist individuell unterschiedlich. Ein dauerhaftes konstantes Glücksgefühl wird in der westlichen Philosophie als eine Illusion angesehen, der Mensch sei dafür nicht geschaffen. Wenn wir wissen, was uns glücklich macht, können wir für unser Glück durchaus etwas tun. Nicht wenige Menschen warten auf das große Glück und versäumen dabei das kleine Glück, das sich im Alltag bei achtsamer Wahrnehmung durchaus zeigen kann. Dauerhafter glücklich machen uns die in mittlerem Maße angenehmen Dinge, Außergewöhnliches wirft uns eher aus der Bahn. Was als Glück erlebt wird, hängt auch vom Alter ab. In der Jugend strebt man nach Lustgewinnung, im Alter wird die Leidvermeidung wichtiger. Glücklich und frei fühlen wir uns, wenn die bewussten Argumente unseres Verstandes übereinstimmen mit dem, was unsere Seele empfindet.

Die Glückssuche jedes einzelnen Menschen führt in eine andere Richtung. Vielleicht hat Glück auch mit der Chance zu tun, Wahlmöglichkeiten zu haben, sich entfalten zu können. Es gibt ein stilles Glück, das womöglich länger anhält und soziologisch gesehen das wichtigere ist. Und es gibt das Glück des Durchbruchs, wenn man etwas geschafft hat, erfolgreich war. Kinder (und auch viele Erwachsene) suchen oft das anstrengungslose Glück. Sie können das Positive am Ende einer anstrengenden Leistung noch nicht sehen. Es ist aber wichtig, Zustände von Konzentration, Anstrengung und Selbstvergessenheit (Flow) zu erleben und die Erfahrung zu machen, dass fordernde Aufgaben glücklich machen. Dazu braucht es allerdings auch Frustrationstoleranz!

Was verschafft mir im Alltag Glücksmomente?

Vielleicht erleben Sie Glücksmomente auch unabhängig vom Konsum im ganz normalen Alltag. Dazu einige Anregungen:

- Wenn ich im Frühling die warme Sonne auf meiner Haut spüre und die noch frische Luft einatme.
- Wenn die Vögel nach dem Winter wieder zwitschern und ich damit aufwache.
- Wenn ich Musik höre, die mir angenehme Schauer über den Rücken laufen lässt.
- Wenn ich nach dem Sport richtig Durst habe und ein Glas Mineralwasser diesen stillt.
- Wenn mich jemand überraschend anruft, nur um mir zu sagen, dass er/sie an mich denkt.
- Machen Sie sich eine Liste Ihrer individuellen Glücksmomente, begeben Sie sich auf »Schatzsuche«.

Kann man lernen, glücklich zu sein?

Meditation kann die Wahrnehmung, das Denken und das Glücksempfinden beeinflussen und führt zu direkten Veränderungen im Gehirn. Die Konzentration auf das Wesentliche und die Achtsamkeit im Hier und Jetzt wirken dem entgegen, was unglücklich macht: Gewöhnung, Übersättigung und Vergleichen mit anderen.

Für ein dauerhafteres Glück müssen die Erwartungen realistisch bleiben. Man muss also seine Bedürfnisse regulieren und die Vernunft einsetzen, um die Lust zu erhalten. Wollen wir nicht von schnellen und nur kurzfristig wirkenden »Kicks« abhängig werden, brauchen wir Einsicht, um langfristig wirkende Strategien zu entwickeln. Ein Weg besteht darin, die Sinne zu schärfen, um achtsam die vielen kleinen Momente des Lebens auszukosten. Auch wenn man dabei nicht immer das ganz große Lustgefühl verspürt, so kann man doch Unlustgefühle verringern. Es geht aber auch darum, zu große Ängste vor möglichen Enttäuschungen abzubauen, sonst bleiben die Erwartungen zu niedrig und man schöpft sein Potenzial nicht aus. Nicht zu vernachlässigen für ein dauerhafteres Glück sind soziale Beziehungen, sofern man sich mit den Menschen auch wohl fühlt. Nach Epikur bezieht ein ausgeglichener Mensch sein Glück aus den vielen kleinen Freuden des Lebens und dem verträglichen Zusammenleben mit anderen. Wenn wir uns in einer Gruppe wohlfühlen, tun wir dem anderen gerne etwas Gutes, was uns auch selbst glücklicher macht und länger leben lässt. Dabei sind Körper und Geist untrennbar miteinander verbunden. Im Buddhismus wird ein direkter Zusammenhang zwischen dauerhaftem Glück, Achtsamkeit und Mitgefühl gesehen.

wichtig

Glück hat viel mit Aktivität zu tun. Stefan Klein fasst das in der »Glücksformel« zusammen, die aus folgenden Elementen besteht: Entschlossenheit, Anstrengung und Zeit.

Wenn einem früh beigebracht wird, seine Wünsche in Frage zu stellen oder den eigenen Fähigkeiten zu misstrauen, wird man sich selbst gegenüber misstrauisch. Man kann verlernen, sich zu freuen.

Was braucht es zum Glück?

Zu den äußeren Bedingungen zählen Menschen, die das Glück mit einem teilen und eine Gesellschaft, die ein würdiges Zusammenleben freier Menschen gewährleistet. Zur inneren Verfassung gehören eine gewisse Gelassenheit, die Übernahme von Verantwortung für das eigene Leben und Engagement für das Leben der anderen. Glücklich kann auch sein, wer trauern und sich den eigenen Gefühlen überlassen kann, auch denen des Schmerzes. Wer über eigenes oder fremdes Leid weinen kann, bleibt sensibel und entwickelt Gespür für sich und andere. Zum Glück gehört auch, sich und andere leben und sein lassen zu können. Der Dalai Lama sieht in der Liebe den Kern aller Weltreligionen und die Quelle des Glücks.

Der Maler Claude Monet hat mit seiner Kunst Bilder vom Glück geschaffen, sie entsprechen unseren Wunschvorstellungen von Frieden und einem sonnendurchfluteten Dasein. Dabei war Monet getrieben von Sorgen. In seinen Gemälden hat er Sehnsuchtsorte geschaffen, die deswegen so überwältigend sind, weil es sich um Wunschbilder handelt. In den Jahren der größten Einsamkeit und Bedrückung malte Monet die heitersten Landschaftsbilder. Dabei wollte er dem einen schönen Augenblick Ewigkeit verleihen.

Am Ende dieses Kapitels fassen wir noch ein paar Erkenntnisse von »Glücksforschern« zusammen:

- Um glücklich zu sein, brauchen Körper und Geist Aktivität.
- Es gibt kaum eine dauerhaftere Glücksquelle als soziale Bindungen.
- Zum Glück gehören Konzentration und Achtsamkeit im Umgang mit sich selbst und der Welt um sich herum.
- Realistische Erwartungen sind eine Grundbedingung fürs Glück. Man sollte sich weder über- noch unterfordern.
- Gute Gedanken helfen: Sie motivieren und wirken der Unlust entgegen.
- Man sollte gelassener mit dem Unglück umgehen.
- Arbeit kann glücklich machen. Wenn das der Fall ist, seien Sie dafür dankbar.

Liebe

Der Begriff »Liebe« kommt aus dem Mittelhochdeutschen und heißt so viel wie »Gutes, Angenehmes, Wertes«. Wir verstehen darunter die intensivste Form der Zuwendung. Platon hat drei Formen der Liebe unterschieden: Eros ist die sinnlich-erotische Liebe, sie beinhaltet Leidenschaft und Triebhaftigkeit. Philia ist die Liebe unter Freunden, sie ist gekennzeichnet durch gegenseitige Anerkennung und freundschaftliche Verbundenheit. Agape ist eine selbstlose Liebe, sichtbar in der Nächstenliebe bis hin zur Feindesliebe. Platon selbst hat die Körperlichkeit der Liebe nicht ausgeblendet, wie es der Begriff »platonische Liebe« unterstellt. Er betonte lediglich, dass man den Leib nicht mehr als die Seele lieben solle.

Der Paarforscher Gary Chapman hat fünf Ausdrucksformen der Liebe gefunden, um die es im Alltag geht:

- Lob und Anerkennung bekommen und geben.
- Die Erfahrung, dass der Partner Zeiten für die Zweisamkeit reserviert und diese schätzt und schützt.
- Der Austausch von Geschenken, die wirklich von Herzen kommen.
- Das Gefühl gegenseitiger Hilfsbereitschaft.
- Der Austausch von Zärtlichkeiten.

Auch das Miteinander-streiten-Können hat einen Stellenwert, weil es nicht darum geht, immer einer Meinung zu sein, sondern mehr vom anderen zu erfahren. In jeder längeren Beziehung sind auch widerstreitende Gefühle dem Partner gegenüber normal und machen es erforderlich, dass man sich von manchen Erwartungen trennt, diese loslässt, um neuen Erfahrungen Raum zu geben.

Erste längerfristige Paarbeziehungen entstehen oft aus der Faszination an der Differenz. Zweite Paarbindungen beruhen meist auf der Erfahrung, dass Gemeinsamkeiten wichtiger sind als Unterschiede.

wichtig

Noch wichtiger als den perfekten Partner zu finden ist es, jemanden zu finden, der die Liebe und Zuwendung, die man gibt, auch annehmen kann. Für das eigene Glück ist die Fähigkeit, andere Menschen lieben zu können wichtiger, als geliebt zu werden.

Die Liebe ist sicherlich ein sehr komplexes Gefühl. Wenn zwei Menschen von der Liebe sprechen, versteht jeder darunter etwas anderes. Aus unterschiedlichen Erwartungen ergeben sich oft die größten Beziehungsprobleme.

Es gibt viele Mythen, was die Liebe betrifft

Dazu gehören die totale Selbstlosigkeit oder die Verschmelzung durch absolute Übereinstimmung. Realistisch ist ein Wechsel zwischen Nähe und Distanz, denn ohne eine gewisse Spannung und Fremdheit gibt es auch keine Leidenschaft. Der Anspruch an eine längerfristige Liebesbeziehung ist hoch: Einerseits möchte man Abwechslung und Aufregung erleben. Andererseits möchte man in einer Partnerschaft Sicherheit und Verlässlichkeit, um sich emotional stabil zu fühlen. Für eine gute Partnerschaft strebt man also nach Übereinstimmung und Gleichheit, für die leidenschaftliche Liebe bedarf es des Gegensatzes, der Fremdheit und der Reibung. Rituale können helfen, beiden Ansprüchen entgegenzukommen. Wenn sich Liebende immer wieder erzählen, wie sie sich kennengelernt haben und wie sie damals empfunden haben, dann treffen sich Gefühle der Aufregung und der Stabilität. Eine lebendige Beziehung braucht immer wieder auch Momente der Überraschung, der Spontaneität und Kreativität. Unterschiedliche Erfahrungen im Alltag, die jeder mit einbringt, bereichern das Zusammenleben mehr, als ständig gemeinsam die gleichen Erfahrungen zu machen. Der Paartherapeut Jürg Willi empfiehlt deshalb, mindestens sechs Stunden am Tag getrennt voneinander zu verbringen. Letztendlich muss jeder die Verantwortung für sich selbst behalten.

Werte wie Treue, lebenslange Bindung und das sich miteinander Weiterentwickeln werden heute zunehmend infrage gestellt. Dadurch verloren geht ein gewisser Halt, gerade für die Kinder, für die nicht mehr beide Elternteile gleichermaßen zur Verfügung stehen. Die Folge sowohl für die Eltern als auch die Kinder ist ein »Gefühlsspagat« zwischen Trauer, Wut, Eifersucht, Angst und vielen ambivalenten Gefühlen mehr. Wenn es um Bindungen geht, kann die realitätsferne Suche nach den absoluten Gefühlen viel Leid verursachen. Zwischen den Polen von Sinnlosigkeit und absolutem Sinnverlangen spielt sich das tatsächliche, reale Leben ab. Dessen wahren Wert muss man allerdings auch schätzen lernen, es ist nicht selbstverständlich zu lieben und geliebt zu werden.

Liebe ist natürlich mehr als Liebe unter Partnern. Alle wissen, dass man auch von Liebe zu Kindern, zu Gott, zur Natur und vielem mehr spricht. Die Beschränkung des Liebesbegriffs auf »Liebesbeziehungen« stellt eine Einengung dar. Buddhisten weisen darauf hin, was im Westen als Liebe bezeichnet werde, sei nichts als Anhaftung und Habenwollen. Liebe wünscht einem anderen Wachstum und Glück. Liebe hat auch mit Offenheit zu tun. Ein berührendes Beispiel findet sich in dem Buch von Marie-Sabine Roger »Das Labyrinth der Wörter«. Hier trifft ein Mitte vierzigjähriger einfacher Mann eine über achtzigjährige sehr gebildete alte Dame und die beiden entdecken füreinander Zuneigung, Verantwortungsbewusstsein und die Freude am Zusammensein. Der Ich-Erzähler erkennt, dass auch dies Liebe ist.

Mitgefühl

Der Begriff »Sympathie« geht auf das griechische sym-patheia oder das lateinische sympathia zurück, was so viel heißt wie Mitleiden, Mitgefühl, gleiche Empfindung. Meist erleben wir Menschen als sympathisch, die sich in andere einfühlen und ihr Mitgefühl angemessen ausdrücken können. Zur Sympathie eines Menschen trägt bei, dass er in seinem Gefühlsausdruck und Verhalten stimmig und authentisch wirkt. Den Begriff Mitgefühl verwenden wir meist, wenn es um andere geht. Mitgefühl für sich selbst wird im Deutschen oft eher negativ mit dem Begriff Selbstmitleid belegt. Mitgefühl entsteht jedoch nicht aus Mitleid, sondern aus einer vorübergehenden Identifikation, um sich dann auch wieder zu distanzieren. Wenn wir Mitgefühl für jemanden empfinden, versuchen wir, den anderen zu verstehen, die Gefühle des anderen oder die von uns selbst nachzuvollziehen.

Einfühlungsvermögen

Eine wesentliche Voraussetzung dafür ist Einfühlungsvermögen. Wichtig ist außerdem das Wissen, dass hinter der gezeigten Emotion noch weitere Emotionen versteckt sein können, die schwerer auszuhalten wären und deshalb nicht zugelassen werden können. Wenn wir wissen, in welcher Situation sich jemand befindet, können wir wesentlich besser verstehen, warum jemand in einer bestimmten Stimmung ist, warum jemand eine bestimmte Emotion zeigt und was der andere braucht. Wir schwingen dann mit dem anderen mit und kommen dabei auch in Kontakt mit uns selbst und unseren Gefühlen.

Übertragung

Es kann vorkommen, dass Gefühle, die der andere Mensch selbst nicht bewusst spürt, vom Gegenüber erlebt werden. Fachleute sprechen dann von projektiver Identifizierung, was bedeutet, dass der andere Mensch unbewusst etwas in uns hinein projiziert, das heißt so viel wie hineinschieben, daher ist es wichtig, sich des eigenen Gefühlserlebens bewusst zu sein. Übertragung findet statt, wenn man frühe Erfahrungen z. B. mit den eigenen Eltern auf Menschen der Gegenwart überträgt, was meist unbewusst geschieht, und auf diese reagiert, als wären sie z. B. die Eltern, ohne dass man bemerkt, wie der andere Mensch wirklich ist. So kann man wütend reagieren, als wäre man von jemandem vernachlässigt worden, wenn man ein »nein« hört, das aber unter Erwachsenen durchaus angemessen wäre. In den psychodynamischen Therapien wird viel Wert darauf gelegt, diese Übertragungsmuster zu erkennen und therapeutisch zu nutzen.

Distanz

Aus einer gewissen Distanz heraus sind wir eher fähig, Gefühle realistisch einzuordnen und Verzerrungen zu erkennen. Sicher kennen Sie das Phänomen, dass Sie der Freundin hilfreich zur Seite stehen, während Sie bei sich selbst noch keinen klaren Weg sehen. Die Erfahrung im Miteinander kann man jedoch auch für die Selbstfürsorge einsetzen. Wenn Sie an eine für Sie belastende Alltagssituation denken, können Sie sich vorstellen, was Sie in dieser Situation Ihrer besten Freundin raten würden. Konstruktiv ist Mitgefühl, wenn man den anderen als Mensch annimmt, ihm aber verzerrte Wahrnehmungen zurückmeldet, weil diese in der Regel leidverursachend sind. Unrealistische Ziele und Wünsche können Leid verursachen ebenso wie eine unrealistisch negative Selbstwahrnehmung und -bewertung. Destruktiv ist Mitgefühl dann, wenn man den anderen kontrollieren will, dem anderen keine Autonomie mehr lässt.

Mitgefühl setzt eine gewisse Selbstliebe voraus, es bedarf der Übung, der achtsamen Wahrnehmung für sich und andere. Ein Element des Mitgefühls ist der Wunsch, Leiden zu überwinden. Dabei steht unser eigenes Glück in enger Wechselwirkung mit dem Glück des anderen. Je besser es uns gelingt, unser Bewusstsein zu beobachten, desto klarer und unverzerrter wird unser Blick auf die Welt und die Wirklichkeit sein, desto weiser werden wir. Die meisten leidverursachenden Emotionen entstehen durch eine verzerrte Wahrnehmung oder Bewertung.

Spirituelles Erleben

Spiritualität ist ein lebenslanger Weg der Bewusstseinserweiterung und -vertiefung, um dem Geheimnis des Lebens (Wo kommen wir her, wo gehen wir hin?), dem gewissen Etwas unserer Existenz oder Gott auf die Spur zu kommen. Sein Schicksal zu verstehen (Wozu bin ich, wie ich bin?) und zu lernen, ein Leben in Zufriedenheit, Gelassenheit und Liebe zu führen sind weitere Triebfedern der spirituellen Suche.

- Die Philosophie sieht das Wesen der Weltwirklichkeit im Geist.
- Die Religion sieht in der Spiritualität die unmittelbare Ergriffenheit des Einzelnen durch Gott oder das Göttliche.
- Die Moderne sieht im Begriff Spiritualität eine geistige Haltung, nämlich das Bewusstsein von der Göttlichkeit aller Lebewesen.

Zu religiösen Glaubensüberzeugungen meint Wolf Singer, einer der bekanntesten Hirnforscher Deutschlands, wir seien aufgrund des »Soseins unseres Gehirns« darauf festgelegt, Ursachen für Phänomene zu suchen. »Und da es viele Wirkungen in der Welt gibt, deren Ursachen wir nicht ergründen können, liegt es nahe, sie einem höheren Wesen zuzuschreiben.« Für eine aufgeklärte Religion ohne Intoleranz und Fanatismus bedürfe es der Bereitschaft zuzugeben, dass man nicht durch schieres Nachdenken jede Lebenssituation im moralischen Sinne entscheiden könne. Demut

ANWENDUNG

In Kontakt mit der eigenen Spiritualität kommen

Um wieder mehr in Kontakt mit Ihrer Spiritualität zu kommen, können Sie sich folgende Fragen stellen:

- Was sind meine Quellen der Inspiration?
- Wann in meinem Leben war ich zum letzten Mal ergriffen?
- Was verbindet mich positiv mit anderen Menschen, mit der Natur oder dem Kosmos?
- Habe ich noch Visionen?
- Was erhoffe ich mir für die Zukunft?
- Wie soll mein Leben in fünf Jahren aussehen?

spiele eine große Rolle. Mentale Praktiken wie die Meditation könnten Menschen dazu bringen, Einsichten zu gewinnen, die über den rationalen Egoismus hinausgingen. Wolf Singer plädiert für mehr Offenheit, auch Fehler zuzugeben, dann käme vielleicht mehr Demut, Verständnis, Toleranz und Dialogbereitschaft in die Welt. Es sei allerdings schwer, mit sich selbst und den anderen rückhaltlos ehrlich zu sein. Als Kunststück bezeichnet Singer, nicht zu resignieren, auch wenn es den idealen Weg zum Heil nicht gebe.

Spirituelles Erleben hat viele Facetten: Wenn wir uns für etwas begeistern, sind wir noch bei uns selbst. In der Ekstase geraten wir außer uns, die Ich-Grenzen lösen sich auf. Soziale Einbindung und religiöse Rituale sorgen dafür, dass man den Bezug zur Realität nicht verliert, wie es bei Psychosen oder im Drogenrausch der Fall ist.

Nachwort: erfüllt leben

Wesentlich für ein erfülltes Leben ist, mit den eigenen Gefühlen zu leben und sich seiner selbst bewusst zu sein. Auf dem Weg der Selbstentwicklung müssen wir uns – so wie es der Realität entspricht – von eigenen Idealbildern verabschieden, was auch eine Kränkung bedeuten kann. Erst wenn wir nicht mehr ängstlich um uns selbst kreisen, können wir in uns selbst zur Ruhe kommen. Wenn wir still werden und in uns hineinhorchen, vielleicht hören wir dann eine innere Stimme, die sagt, was richtig ist. Damit wir diesen inneren Reichtum, das wirkliche Leben entdecken können, ist es wichtig zu lernen, das Äußere mehr loszulassen. Dieses Loslassen ist eine Bedingung für echte Lebendigkeit und Freiheit. Das Äußere loslassen heißt auch, nicht mehr so viel Angst vor den Bewertungen anderer haben zu müssen, sich selbst nicht ständig zu verurteilen, sondern liebevoller mit sich umzugehen. Wir müssen nicht erst um unsere Daseinsberechtigung kämpfen. Wer sich selbst Würde zuspricht, kann auch die Würde anderer achten. Dazu gehört, die eigene Verletzlichkeit und Endlichkeit anzuerkennen.

ANWENDUNG

Die innere Weisheit

Machen Sie sich bewusst, welches Wunderwerk Ihr Körper ist. Sie atmen, Ihr Herz schlägt, Ihre inneren Organe sorgen für ein Gleichgewicht. Diese Vorgänge funktionieren in der Regel, ohne dass Sie bewusst Einfluss nehmen. Ihre Selbstheilungskräfte sorgen mit dafür, dass Sie Infekte überstehen oder das gebrochene Bein wieder zusammenwächst.

In Ihnen wirkt auch eine Weisheit, die Ihnen Gefühle vermittelt. Eine Weisheit, die Ihnen mitteilen möchte, was Sie brauchen, wovor Sie Angst haben und wo Sie sich Unterstützung wünschen.

Sie können Ihrer inneren Weisheit eine Gestalt geben, allerdings sollten es keine realen Menschen sein. Vielleicht stellen Sie sich ein Märchenwesen mit besonderen Fähigkeiten und Kräften vor, das Sie fragen können, wenn Sie ein Problem haben. Dieses Wesen meint es gut mit Ihnen, es tröstet Sie und gibt Ihnen Halt. Überlegen Sie, was Sie auf dem Herzen haben, welche Hilfe und Unterstützung Sie sich wünschen. Denken Sie daran, wie viel Weisheit Sie in sich tragen, wenn Sie eine Vorstellung davon haben. Sie können sich vornehmen, so oft, wie Sie möchten, mit Ihrer inneren Weisheit in Kontakt zu treten, sie kann Ihr ständiger Begleiter werden.

Von alters her wird Selbsterkenntnis für wesentlich gehalten. Wir sollten verstehen, was wir wollen und tun, sonst bleiben wir stehen. Wir brauchen also eine Ahnung von der Richtung unseres Lebens und eine Vorstellung, wer wir sind. Wenn wir wissen wollen, was genau das Gefühl ist, das wir einer Person oder einem Ereignis entgegenbringen, so geht es darum, sich selbst achtsam wahrzunehmen: Was denke ich, was fühle ich genau? Und es kann helfen, die Empfindung aus der Situation und ihrer Geschichte heraus zu verstehen. So können wir herausfinden, welches Gefühl oder welche Mischung an Gefühlen uns bestimmen. Es kann hilfreich sein, sich selbst wie einem Fremden oder besser wie einem Freund gegenüberzutreten und sich in seinem Tun wie von außen zu betrachten. Selbsterkenntnis kann wachsen. Selbsterkenntnis, sich in der Art, wie man lebt, richtig zu verstehen, gehört mit zu einem gelingenden Leben. Erleben und Selbstbild sollen möglichst übereinstimmen. Gleichzeitig ist Selbsterkenntnis wesentlich für unsere Beziehungen zu den anderen. Wenn man weiß, wie man selbst ist, kann man die anderen als andere erkennen und achten. Viele Grausamkeiten geschehen aus Blindheit sich selbst gegenüber. Der Philosoph Peter Bieri meint, dass Menschen mit Selbsterkenntnis in ihren Begegnungen wacher, sorgfältiger und interessanter sind.

Mit den eigenen Gefühlen zu leben, Lebens- und Leidenserfahrungen zu machen, daraus entwickelt sich Weisheit. Wir benötigen Weisheit, um herauszufinden, was im Hier und Jetzt nötig ist. Ein weiterer wesentlicher Aspekt für ein erfülltes Leben ist, dem Leben einen Sinn geben zu können. Vaclav Havel hat es so ausgedrückt: »Hoffnung ist nicht die Überzeugung, dass eine Sache gut ausgeht, sondern die Gewissheit, dass etwas Sinn hat, egal wie es ausgeht.«

ANWENDUNG

Die eigenen Empfindungsweisen erkennen

Um eigene Sicht- und Empfindungsweisen besser zu erkennen, können Sie folgende Sätze ergänzen:

- Das Schönste wäre für mich, wenn ...
- Das Schlimmste wäre für mich, wenn ...
- Am liebsten mag ich es, wenn ...
- Am meisten hasse ich es, wenn ...
- Besonders ärgere ich mich, wenn ...
- Meine größte Schwäche ist ...
- Am meisten bereue ich, dass ...
- Ich bin stolz darauf, dass ...
- Meine größte Stärke ist ...
- Wenn ich drei Wünsche frei hätte, würde ich ...
- Was ich verändern möchte ...

Wenn Sie möchten, können Sie diese Liste von Vorschlägen noch beliebig erweitern und sich fragen, mit welchen Gefühlen Sie in welchen Situationen reagieren.

Wenn wir in einer Situation noch einen Sinn sehen, schützt uns das vor Gefühlen der Ausweglosigkeit und Verzweiflung. Viktor Frankl, KZ-Überlebender und Begründer der Logotherapie, beschäftigte sich mit dem Sinn im Leben und Leiden. In seiner Arbeit mit depressiven Menschen fragte er sie, warum sie sich bisher nicht das Leben genommen haben. Es ist gut, sich damit zu beschäftigen, was einen am Leben hält und worin man einen Sinn finden kann.

In vielen philosophischen Schulen und Religionen wird empfohlen, dass wir das Leben in seiner Endlichkeit bewusst leben sollten. Noch bis ins letzte Jahrhundert hinein wussten Menschen, dass das Schlagen der Kirchturmuhr an die Vergänglichkeit erinnern soll. Es geht darum, jeden Augenblick bewusst zu erleben und die Schönheit des Lebens zu erkennen. Das Leben sei eine »Herrlichkeit«, meinte Rilke. Einstein sprach davon, dass entweder alles ein Wunder sei oder nichts. Wir können uns für die eine oder die andere Sicht entscheiden. Wie die Welt wirklich ist, hängt häufig von unserer Deutung ab.

Sinn erfahren

Mit am wichtigsten im Leben ist wohl die Erfahrung von Sinn durch das Erkennen von Zusammenhängen. Gute Beziehungen zwischen Menschen werden als sinnvoll erlebt. Über unsere Sinne nehmen wir die Welt um uns herum wahr und stellen einen Zusammenhang zwischen uns und der Welt her. Ein Gesamtzusammenhang ergibt sich aus vielen Komponenten: Beziehungen zu geliebten Menschen, zur Natur, zu persönlichen Werten, zu den schönen Dingen des Lebens. Ein sinnvolles Leben wird jeder etwas anders definieren; letztendlich muss jeder seine eigenen Lebensziele finden. Wesentliche Bedeutung für das Erleben von Sinn hat die Achtsamkeit im Umgang mit sich selbst und der Welt um sich herum. Man kann sich darin üben, wahrzunehmen, zu fühlen, zu denken – auch über sich selbst hinaus.

wichtig

Unsere Endlichkeit fordert uns dazu auf, unser Leben bewusster und achtsamer zu leben und seine Angebote zu nutzen. In einer Welt voller Unsicherheit können das Loslassen von Erwartungen und bewusste Konzentration auf den gegenwärtigen Moment hilfreich sein.

Bildungswissen

Um überhaupt eine tiefere Erkenntnis zu erlangen, ist Wissen notwendig. Und damit ist sicher nicht nur das sogenannte »Leistungswissen« gemeint, also ein Wissen, das in der Sprache der Ökonomie etwas »leistet«. Das, was uns wirklich weitet und weiterentwickeln lässt, ist das zweckfreie Wissen. Dieses »Bildungswissen« umfasst Inhalte, die sich ein Individuum zum Beispiel durch Lesen oder Reisen aneignet, durch die Beschäftigung mit Geschichte, Kunst und Kultur. In der Literatur geht es oft um Menschen, die real nie gelebt haben. Und dennoch entstehen in Büchern ganze Welten, die uns deshalb interessieren, weil sie viel mit unserer wirklichen Erfahrungswelt oder unseren Träumen zu tun haben. Diese Art von Bildung kann uns helfen, uns in einer immer unübersichtlicheren Welt zu orientieren. Neugierige Menschen mit Entdeckergeist freuen sich am Lernen und Erkennen von Zusammenhängen. Wissen ist nicht alles, aber es trägt zum Sinn des Lebens bei. Einem wissenden Menschen stehen mehr Möglichkeiten und größere Spielräume offen. Letztendlich dient Bildung auch der Bewältigung des Lebens.

Man kann seinen Lebenssinn in etwas suchen, was nicht von dieser Welt ist. Wenn man durch den Glauben an eine höhere Instanz die Gewissheit hat, geliebt zu werden, einzigartig zu sein und in allem, was man tut und was einem widerfährt, einen Sinn zu sehen, dann hat Religion etwas sehr Tröstliches und Hilfreiches. Man kann sich aber auch auf das beziehen, was in der Welt ist: Die Begegnung und Kommunikation mit anderen Menschen. Und natürlich schließt sich beides nicht aus.

Um das Leben anzunehmen und seinen Sinn zu begreifen, bedarf es immer wieder auch des Loslassens und der Distanzierung. Eine tibetische Weisheit sagt: »Solltest du im Leben zwischen zwei Wegen wählen müssen, so wähle den schwierigeren, denn er wird die besten Seiten in dir wecken.« Damit ist nicht gemeint, sich selbst Steine in den Weg zu legen oder an belastenden Situationen und Beziehungen festzuhalten. Es geht darum, die Angst vor den eigenen Gefühlen zu überwinden, mehr Einfluss nehmen zu können, aber auch realistische Gefühle von Trauer und Ohnmacht aushalten zu können, weil diese in bestimmten Lebenssituationen die wirklichen und angemessenen Gefühle sind. Das können Sie eher, wenn Sie auch Gefühle der Freude und der Hoffnung kennen und zulassen. Ihre Gefühle sind Ihr größter Schatz in Ihrer Menschlichkeit und Mitmenschlichkeit. Wir hoffen, dass wir Sie dazu anregen konnten, diesen Schatz zu entdecken und für sich zu nutzen, um sich ganz und lebendig zu fühlen.

Service

Empfehlungen zum Weiterlesen

Ariely D. **Denken hilft zwar, nützt aber nichts:** Warum wir immer wieder unvernünftige Entscheidungen treffen. München: Droemer Knaur; 2010

Bauer J. **Prinzip Menschlichkeit:** Warum wir von Natur aus kooperieren. München: Heyne; 2008

Bauer J. **Warum ich fühle, was du fühlst.** Intuitive Kommunikation und das Geheimnis der Spiegelneurone. München: Heyne; 2007

Covey SR. **Die sieben Wege zur Effektivität.** Ein Konzept zur Meisterung Ihres beruflichen und privaten Lebens. München: Heyne; 2006

Dehner-Rau C, Rau H. **Ängste verstehen und hinter sich lassen.** Wie Sie belastende Ängste und Depressionen aufgeben, eigene Stärken entdecken und endlich Ihr Leben leben. Stuttgart: Trias; 2007

De Saint-Exupéry A. **Der kleine Prinz.** (zitiert auf S. 92)

Ekman P. **Gefühl und Mitgefühl.** Ein Dialog zwischen dem Dalai Lama und Paul Ekman. Emotionale Achtsamkeit und der Weg zum seelischen Gleichgewicht. Heidelberg: Spektrum Akademischer Verlag; 2009

Elliot R et al. **Praxishandbuch der emotionsfokussierten Therapie.** Einführung in die prozess- und erlebensorientierte Psychotherapie mit genauer Beschreibung der Vorgehensweise. München: CIP-Medien; 2008

Gruen A. **Der Fremde in uns.** Stuttgart: Klett-Cotta; 2002

Hirschhausen, von E. **Glück kommt selten allein ...** Reinbek bei Hamburg: Rowohlt; 2009

Kast V. **Vom Sinn des Ärgers.** Anreiz zu Selbstbehauptung und Selbstentfaltung. Herder; 2010

Kast V. **Freude, Inspiration, Hoffnung.** Die Bedeutung der gehobenen Emotionen gerade in den dunklen Zeiten des Lebens. Düsseldorf: Patmos; 2008

Klein S. **Die Glücksformel oder wie die guten Gefühle entstehen.** Reinbek bei Hamburg: Rowohlt; 2007

Knab B, Förstl H. **99 Tatsachen über Ihr Gedächtnis.** Wie es funktioniert, was es leistet, wie Sie es schützen und stärken. Stuttgart: Trias; 2008

LeDoux J. **Das Netz der Gefühle.** Wie Emotionen entstehen. München: Deutscher Taschenbuch Verlag; 2010

Lelord F, André C. **Die Macht der Emotionen und wie sie unseren Alltag bestimmen.** München: Piper; 2005

Prünte T. **Das Gefühlsklavier.** Vom stimmigen Umgang mit unseren Emotionen. Tübingen: Dgvt; 2009

Reddemann L. **Eine Reise von 1000 Meilen beginnt mit dem ersten Schritt.** Seelische Kräfte entwickeln und fördern. Freiburg: Herder; 2007

Reddemann L, Dehner-Rau C. **Trauma: Folgen erkennen, überwinden und an ihnen wachsen.** Ein Übungsbuch für Körper und Seele. Stuttgart: Trias; 2008

Reddemann L. **Dem inneren Kind begegnen.** Hör-CD. Stuttgart: Klett-Cotta

Roger M.-S. **Das Labyrinth der Wörter.** (zitiert auf S. 149)

Sachse R et al. **Klärungsorientierte Schemabearbeitung.** Dysfunktionale Schemata effektiv verändern. Göttingen: Hogrefe; 2008

Schmid W. **Glück. Alles, was Sie darüber wissen müssen, und warum es nicht das Wichtigste im Leben ist.** Frankfurt am Main, Leipzig: Insel; 2007

Seligman M. **Der Glücks-Faktor.** Warum Optimisten länger leben. Bergisch Gladbach: Lübbe; 2009

Storch Maja. **Machen Sie doch, was Sie wollen!** Wie ein Strudelwurm den Weg zu Zufriedenheit und Freiheit zeigt. Huber Verlag, Bern 2010. ISBN 978-3-456-84754-2

Watzlawick P. **Anleitung zum Unglücklichsein.** München: Piper; 2007

Register